プラハ市街図
N
JN244933
レトナー公園
ベルベデーレ宮殿
チェフ橋
ブル
シナゴー
博物館
芸術家の家
ユダヤ人墓
マーネス橋
ヤン バラフ広場
聖ニコラス教会
マラー・ストラナ（小地区）
カレル4世像
国立図書館
カレル橋
古楽器博物館
スメタナ博物館
旧市街
ペッシーン公園
セミナーシュ園
聖十字架教会
聖マルチン
登山電車
天文台
チェコ軍団橋
国民劇場
射撃場
キンスキー公園
スラヴ島
新市庁
子供の島
カレル広
イラーセク橋
聖キリルと
聖メトデゥース
パラツキー橋
新市
モーツァルト記念館

ナチス
占領下の
悲劇

# プラハの子ども像

早乙女勝元 著

新日本出版社

ナチス占領下の悲劇

# プラハの子ども像　もくじ

# プラハは忘れない

リディツェ・メモリアルのレリーフ

トルガウの現場にソ連側が建立したモニュメント

## エルベの誓い



## 総合あとがき

# プラハは忘れない

ウヒチローバさんが20年間創りつづけたリディツェの子ども像。
石膏の白いままのはブロンズになっていないもの

# 1　冬に来てまた夏のプラハへ

## プラハの見どころ

「プラハの見どころはどこか？」

と現地で聞いたら、それはプラハである、との答が返ってきたそうだ。わがチェコ共和国の首都プラハは、街全体が見どころだといいたいのだろう。

プラハは、「百塔の街」とか「黄金の街」などというほめ言葉も大げさではなく、中世の面影がそっくりそのまま残されている。人口は約一二〇万人。私の住んでいる東京・足立区の二つ分もない。チェコ共和国の人口は、ざっと一千万人。これまた東京都よりも少ないわけである。

プラハは、そう大きな都市でないので、中心部にホテルをとれば、歩いて街のほとんどを見ることができるのがいい。これまでに、ヨーロッパの都市のいくつかを歩いたけれど、こんなに美しくまとまった街はほかにはないように思う。

という感想は、かならずしも私だけではないらしく、その証拠にやたらと観光客の多いのに驚く。

ただ、日本人の姿は少ない。いまは世界中どこの都市でも日本人が溢れているものだが、ここは東京からの直行便はなく、それにチェコという国自体が、まだまだ日本人にはなじみが薄いのだろう。かっと照りつける陽光の下、ナップザックを背に、カメラと水のペットボトル持参で歩け歩けの観光客は、その会話から推してドイツ人が多いようだが、英語やフランス語も聞くことができる。要するに各国から来ているのだ。市内は排気ガス規制がきびしく人が最優先で、至るところが歩行者天国になっているため歩くより仕方ないのだが、狭い道に入ると、それこそ身動きもできないような雑踏になる。

戦後もずっと長く続いた「東欧」（西欧の資本主義に対する東部の社会主義ブロック）時代には、簡単にビザも取れず出入国は容易ではなかったが、市民革命を経て開放政策になってから五年余。自由化の波とともに、未知なる街の魅力に触れようと、どっとばかりに人びとが押し寄せてきた感じである。

私もまた、その人波に続いて歩く。プラハはブルタバ川（日本ではモルダウで知られる）の東西両岸に発達した街だが、まずはその街のどこからでも見ることができて、みごとな景観のシンボルになっているプラハ城へと足を向けることにする。

ブルタバ川をはさんで、西側の丘はフラッチャニーと呼ばれ、展望台に立つと、街並を一望に見渡すことができる。それは、まるでパステル画による大パノラマを目にしたかのようである。プラハの古都保存は徹底したもので、三〇〇〇にも及ぶ建物が文化財に指定され、取り壊すことはおろか、瓦一枚に至るまで改修も許されてないという。そんな話を聞くと、古いものはなんでも壊して新しくするのが「文明」とは、とんでもないことなのだと痛感させられる。

フラッチャニーの丘にあるプラハ城は、大統領府にもなっている。「東欧」時代に何度も投獄され、劇作家から大統領に選ばれたバーツラフ・ハベル氏の執務室があるのだが、正門には衛兵が直立しているものの、誰でも勝手に入ることができる。

衛兵は微動だもせずに立っているので、並んで記念写真を写す人が絶えない。正門を入って、アイスクリームをなめなめ、笑い声を振りまく者もいる。かつては絶対に考えられないことだっただろう。その自由な空気が、真夏の陽光とともに、大そうな活気になっていると思えてならなかった。

## 自由化の波とともに

プラハ城を丹念に見て回れば、一日がかりである。しかし、なんといっても圧巻なのは、城の中庭から天を衝くように屹立した聖ビート教会の偉容だろう。

もともとは九世紀に造られたものだが、それから約四百年後のカレル四世の時代に、ゴシック様式に改築されたもの。建設工事は何代にもわたり続けられて、一九世紀の終わりにようやく完成したという。気の遠くなるような年月のなかで、どれだけの労力を必要としたか想像もできないが、そそり立つ二本の尖塔を見ていると、紺青の空に揺れ動いているようにも見える。すぐ首筋が痛くなって、次の旧王宮から、聖イージー教会へと足を運ぶ。

ここもまた、九世紀の建物だった。現代に残されたロマネスク建築の最古の教会にカメラを向けながらふと思ったことだが、プラハ城はどうも普通の城のイメージとはちがう。権力を誇示したいかめしさはなく、大聖堂があったり教会があったり、人びとの生活と結びついた美的な空間になっている。もしかすると、ずっと昔から街の一部だったのかもしれない。

というのは裏門らしいものがないからで、人波についていくうち、いつのまにか坂を下り、細い路地を抜けると、「黄金の小道」として知られる横丁に来ていた。

城壁に沿って、おとぎ話にも出てきそうな小さな家が、寸分の隙なく並んでいる。ルドルフ二世が錬金術師たちを住まわせたといわれているが、実は主として城の護衛兵たちの住居だった。いまは揃って土産物売屋である。その一軒ずつが小さいながら、それぞれ個性的で面白く、ナンバー22の黒塗りの平屋が、かの有名な『変身』で知られる作家フランツ・カフカの住んだ家だ。

これまた十人も入ったら、身動きもできないような狭さである。カフカの顔をあしらったTシャツや、ポスターなどを並べていた。売り手は一人きりで、やっと入れたものの出るに出られない。立往生しているうちふいに、このあたりはスリが多いので気をつけるようにと、注意されたのを思い出した。

「自由化とともに、観光客もどっと増えて、同時にスリも多くなりました。前みたいに重罪になりませんものね」

ガイドのYさんの言葉である。

カフカの家の前に立つ作者

すぐふところをさぐってみて、まずは一安心。そうか、自由化はそういう連中も増やしたのか、とついつい苦笑してしまう。

観光客向けの店が多すぎるのも、ちょっと気になるところだ。この数年で次つぎと土産物屋に改造したのだろうが、店という店が目先の利益だけを追い求めるようになったらがっかりである。昔日の浅草仲見世ではないが、雑踏にもまれもまれて黄金の小道を後にした。

かなり急な坂道を下ってくると、やがてマラー・ストラナ（小地区）と旧市街とを結ぶカレル橋に着く。

## カレル橋から旧広場へ

すべて古いものがいいとばかり言うつもりはないのだが、古色蒼然たるレンガ造りのカレル橋は、これまた魅力たっぷりの風情だった。実に五百年からの歴史の重みを刻みこんでいる。

橋幅は一〇メートルもあろうか。大通り並みの広さで、車輌の通行が一切禁じられているから、歩行者は心ゆくまでそぞろ歩きを楽しむことができる。そして、たいていの橋は直線状に伸びているものだが、この橋はなぜか弓なりにカーブを描いている。ために先が見えない。

先は、人、人、人だらけだ。両サイドの欄干には、巨匠たちによる力のこもった聖像を見ることができる。その数三〇体。あいだに古風なカンテラふうの街燈が立っている。

欄干を背にして、露店が並ぶ。手描きの絵画や、ネックレスやブローチ、操り人形など、みな作者が自作を売っているのが楽しい。ほかに老人たちの陽気な楽団から手品、パントマイム、人形使いまで、一カ所に足を止めたら最後、いつ対岸にたどりつけるかわからない。雨の日はともかく、晴れてさえいたら、橋上は一年中がお祭り騒ぎだろう。

バタバタと水鳥の羽音。欄干にもたれてふっと水面から目を移し見上げた丘の上のプラハ城は、思わず溜息の出るような造形美だった。橋の下の流れは、もちろんスメタナの名曲で知られたモルダウだ。交響曲「わが祖国」の二曲目が「モルダウ」なのだが、その旋律がひそやかによみがえり朗朗と響き出すかのようである。

鼻歌まじりにカレル橋を渡り、そのまま直進して観光客のあとに続いていく。一〇分もしないうちに旧市街広場に出る。

ここは、プラハの心臓部といわれている。ボヘミアン・グラスなどのしゃれた高級店も多いせいか、またまたの人出である。広場に市場が登場したのは一一世紀頃で、やがて商業の中心地となるにしたがい、年ごとにシックな街並が形成されていった。だから周辺の建物は、そのへんの小さなカフェ、レストランに至るまで、みな四、五百年の歴史をとどめている。石畳の路面は磨きぬかれて、空缶一つ落ちていない。街頭スタンドの類は皆無なのだ。

同じようなスタレ・ミアスト（旧市街）は、ポーランドのワルシャワにもあるのだが、第二次世界大戦下に、ドイツ軍によって徹底的に破壊されてしまった。戦後になってから昔日のままに復元されたが、プラハはそうではない。ドイツ軍の占領下におかれたために爆撃を受けることはなく、市内の戦火もごく一部しかなかったのがよかったのだろう。

広場の北側に、ヤン・フス記念像がある。多くの教徒をしたがえた群像で、かなりの大きさである。カレル大学総長だったフスは、一五世紀の宗教改革の先駆者だったが、体制を批判したことで火あぶり刑に処せられた。

「真実を探せ、真実を愛せ、真実を語れ、真実を守れ」

と、台座に刻まれている。

いい言葉だと思う。いつの時代でも、真実は常に反逆視されるのかもしれない。などと考えながら、気のきいたカフェを見つけて一休みすることにした。

日本とちがって、椅子が店内だけではなく、歩道にまで並べられている。それでもテントの下だから、涼しくて眺めもよい。すぐ目の前の旧市庁舎の塔に、人だかりがしている。古めかしい仕掛時計を見る人がたたずんでいるのだが、その数がみるみるうちに増えてきた。毎時ちょうどになると、オ

プラハの名所のひとつカレル橋と遠方にプラハ城

ルゴールめいた音楽とともに、何体もの人形が登場するのである。

「コーヒー」

ボーイが来たので注文したが、ぽかんとしている。さあ困った。チェコ語ではなんというのだろう。

「カッフィ！」

と言ったら、なんとか通じたらしく、大きめのカップにたっぷり入ったのが運ばれてきた。

「ジェクイ！」

ありがとうのひとことに、彼は親しげな顔で、にっと笑ってみせた。

## みぞれまじりの街並

私が初めてプラハの地を踏んだのは、実は半年ほど前の冬だった。

ドイツ留学中の娘を訪ねて、冬休みにカミさんとともにドイツ西部の街ケルンまで出かけたのである。そのあと三人で、どこか隣国の都市まで足を伸ばそうと決めた。ドイツからなら空路一、二時間で、ヨーロッパのどこへでも飛ぶことができる。さて、どこにしようかと考えた末に、プラハで意見がまとまった。

音楽教師のカミさんにとってのプラハは、なんといってもスメタナ、ドボルザークを生み出し、モーツァルトがこよなく愛して、さらにベートーベンゆかりの町という印象が強いのだろう。

そのモーツァルトの生涯を描いた映画「アマデウス」は、チェコの監督ミロシュ・フォーマンの作品だったが、ひどく人間臭いモーツァルトを形象化して、わくわくするほど楽しい映画だった。才能は溢れんばかりだが、やたらと自尊心が強く、軽薄な作曲家のかん高い笑い声がまだ残っている。

「あの映画のロケは、ウィーンでなくて、プラハよ。街のあちらこちらが、そのまんま生かされたって話、知ってる?」

「へえ? 初耳だね。しかし今どき、世界にそんな街があるのかな」

「あるのよ、それがプラハよ」

と、カミさんは、まるで自分の生まれ故郷みたいな顔で、目を輝かしたものだった。娘の様子を見に行こうと切りだした本音は、どうやらそこいらにあったのかもしれない。

私は賛成した。プラハというなら、こちらは音楽もきらいではないが、やはりドイツ占領下のことがすぐに思い出される。悲劇の村リディツェや、郊外のテレジン収容所、そして悲壮な反独抵抗運動などに関心がある。しかも一人旅でなくて、英語とドイツ語のできる娘となら、取材といかないまでも、その下見くらいはできるかもしれない。
というような次第で、私たちはまずケルンへと向かい、娘を拾ってフランクフルト経由でプラハへ飛んだ。

一九九四年も、もう押し詰まっていた。クリスマスがすんで新年を迎えるばかりのプラハは、どんよりとした雲のもと、時々粉雪の舞うきびしい冬景色だった。私たちの泊ったホテル・パリズは街の中心地に近く、アールヌーヴォー調の造りで雰囲気は抜群だったが、それもそのはず国の文化財に指定されているのだそうだ。

防寒具に身をかためて、正面ドアに向かうと、カレル・チャペックの小説にでも出てきそうな儀仗服姿の老人が、いってらっしゃいという笑みを浮かべてドアを開き、親切に送り出してくれる。

市街地図を手に、街なかへ分け入って行く。どこもかしこも、みなカメラを向けたくなるような建物ばかりだ。シャッターを押せば、どの一枚もみんな「絵」になるとさえ思われる。建築関係の人だったら、さながら建築博物館にでも迷いこんだかと錯覚するにちがいない。

私たちはほどなくして、天体の動きと時間とを示した二つの大時計のある、旧市庁舎にたどりついた。

### 物価は三倍で給料は倍

広場には、鼻と口から白い息を吐いた観光用馬車が、パカパカと勇ましくやってくる。唯一、広場に入れる乗物である。

また、各所に人垣ができていて、大道芸人のパフォーマンスが繰りひろげられていた。見れば、火のついた棒を振り回す二人の男たちだった。石畳の上で跳んだりはねたり、最後に顔を空に向けて、口中からぱッと火焔放射器のような火を吹いてみせた。みんな拍手喝采だった。たちまちにして帽子のなかに、コルナ（チェコの通貨）が集まる。

もちろんカレル橋にも足を向けたが、みぞれ混りの空に見上げたプラハ城は、まるでいぶし銀のような優雅なシルエットで、ぼうと美しくかすんで見えた。

寒気に手足がかじかんできた。ぬくもりを求めて、通りすがりに、市内のデパートへ入ってみる。品物はとても豊富だった。モスクワのような行列がないのにほっとして、この分なら自由化路線は成功しているのだろうと思う。地下の食品売場へ行くと、おいしそうなパンが、なんと一コルナ（四円）だった。まさか一つ買うわけにもいかないので二つにしたが、それでも一〇円で釣りがくるのがとっさに信じられない。

五階がレストランになっていたが、コーヒー一杯が五コルナ、二〇円である。パンが一つ四円ならそれも妥当な値段かもしれないが、ドルから両替したコルナが、かなりの使いみちがあるのに、にわか成金になったような気がしてくる。

ということは、日本の生活物資が余りにも高すぎるわけだが、娘のいたドイツと比べてみても、プラハはまだまだ安い。娘はここでブーツを買うのだと、あちらこちらの店を物色するのに忙しかった。

また街を歩いていると、大小の無数の劇場が目につく。ポスターが張ってあるのでわかるが、チラシも渡される。クラシック・コンサートはもとより、ジャズ、パントマイム、人形劇と実に多彩である。

プラハに来たらぜひ人形劇をと決めていたので、夕食後、手渡された地図をたよりに行ってみた。百人ちょっとしか入れないミニ劇場である。演目はモーツァルトのオペラ「ドン・ジョバンニ」だったが、かなりマンガチックに構成されている。しかし幕間によろよろとモーツァルト人形が現われ、酔った勢いで、コップの酒ならぬ水を客席にぶちまけるのにはびっくりした。

「きゃッ！」

という悲鳴に、みなどっと笑った。

かぶりつきの席は、たまったものではない。頭から水をかけられた女性が、休憩時に係に文句をつけていたが、後部席にいた私はおかしくてならなかった。売店に多量の操り人形が売られていたので、一つを入手して帰る。カミさんが、学校で教材に使うのだという。

現在のプラハ市庁舎のカラクリ時計

「時間ぎりぎりに飛び込んだせいで、モーツァルトの水から難を逃れたってわけだ。しかし、なんだってこんなに人形劇が盛んなんだろうな」

「この国がオーストリアの支配下にあった頃、チェコ語は、人形劇だけしか認められなかったそうよ。だから人形の口を借りて、民族の言葉を伝えていったとか……」

と、カミさんは、意外にくわしく知っている。

「へえ、ほんとかね？」

「そう書いてある本があったわ」

「だとすれば、人形劇も抵抗精神を受け継いだことになるな」

「体制を批判して火あぶり刑にあったヤン・フスといい、反オーストリア運動に参加したスメタナといい、こちらにはもともと自由を求める伝統があるんじゃないのかしら」

「ふーん、戦時下の日本とはずいぶんちがうね。そうした底流がナチ占領下のレジスタンスになっていたんだろうけれど、敬服するよ」

人形劇で水難に遭わなかったかわりに、その歴史に敬意を表したくなった。が、一〇〇〇円という入場料は、観光客向けかもしれなかったが、こちらの物価と比較すると少々高いかなという気がする。一体、チェコの平均賃金はどのくらいなのだろう。

後でガイドのYさんに聞くと、約七〇〇〇〜八〇〇〇コルナだという。日本円で三万円というところか。物価が安い安いとほめてきたが、給料もまた安いのだった。しかも市場経済が導入されたこの

カレル橋上では若者から老人まで芸術を競っているようだ

五年ばかりのあいだに、物価は三倍以上にもハネ上がったのに対し、給料はやっと倍にしかならなかったという。

「その分、苦しくなったのです。赤ちゃんのミルク代も、保育園も、部屋代も、みんな高いです」

一歳と四歳の子を持つ母親のYさんは、口をへの字にして首をすくめたが、それでも社会主義の名を借りた全体主義よりか、いまの自由のほうがずっとよいとつけ加えた。

## プラハの春とビロード革命

その自由を根底からゆすぶり、力ずくで踏みにじったのが、Yさんの生まれた年一九六八年の「プラハの春」に続く、あの忘れがたいチェコスロバキア事件である。

ここで、「プラハの春」について、ごく簡単にメモしておこう。

第二次世界大戦後、ナチス・ドイツの支配下から解放されたチェコスロバキアは、ソ連直属型の共産党独裁体制で「東欧」圏に入り、社会主義への道を目指した。ところが六八年一月、党第一書記になったドゥプチェクは、人間の顔をした社会主義を提唱し、国民の圧倒的な支持を得て独自の民主化路線を推進する。

いわゆる「プラハの春」だが、たたみこむような改革政策は、黒幕のソ連にはとうてい受け入れがたいものだった。当初うさん臭げに見ていたソ連は、この動きが他の東欧諸国に波及するのを恐れて断乎たる制裁措置に出た。同年八月、ワルシャワ条約機構五カ国の連合軍をひきいて、戦車を先頭にプラハに突入、全土を占領した。チェコスロバキア事件という。改革の夢は、こうしてあえなくもキャタピラに押し潰されてしまったのだった。

ソ連軍はその後も駐留し、ドゥプチェクは飛ばされて、改革を敵視するソ連べったりの政権が登場する。ソ連の締めつけは、日増しに激しくなるばかり。カレル大学哲学科の学生ヤン・パラフが、政府に抗議して焼身自殺をしたのは、ソ連軍が居座ってから半年目の一九六九年一月のことだった。

それより少し前、日本ではアメリカのベトナム侵略に抗議して、エスペランチストの由比忠之進さんが、首相官邸前で焼身自殺をしている。ヤン・パラフの心のどこかに、ベトナム戦争と由比さんの悲壮な死が刻まれていたのかもしれない。

圧政の暗い時代は、それからおよそ二〇年近くも続く。ベルリンの壁が崩壊した一九八九年の一一月のこと、プラハに溢れた五万人からの学生デモに、当局の機動隊が襲いかかった。これを契機にして、市民たちの怒りは頂点に達した。市民フォーラムが結成され、連日にわたる市民集会から独裁

ソ連軍の侵攻に対し焼身抗議をした
カレル大学生ヤン・パラフのレリーフ

政権は倒され、それまで四年も獄中にいた不屈の反体制作家バーツラフ・ハベル氏が大統領に選出された。

同時期に「東欧」全体に、民主化の嵐が吹き荒れた。プラハでは、ルーマニアのような流血革命とちがって、一人の死者を出すこともなく、わずか半月たらずでなめらかに達成された市民革命だったことから、「ビロード革命」と呼ばれる。

「私が夢見ているのは、自由で民主的な独立した共和国であり、経済の繁栄と社会正義が実を結ぶ人間的な共和国だ。諸君、あなたがたの政府は、あなたがたの手に戻った」

と訴えたハベル大統領の夢は、長いこと圧政に苦しんでいた市民の夢でもあった、といえよう。政治の民主化、社会の自由化がよみがえった。駐留ソ連軍は撤退し、九〇年四月に国名から社会主義が消えて、チェコスロバキア連邦共和国となる。

しかし、二つの共和国は独立独歩でいこうと、二年後に連邦を解消し、九三年の幕開けからチェコ共和国とスロバキア共和国とが発足した。

ここまでの歴史をたどってみると、私が半年ほど前に来たプラハは、「ビロード革命」からやっと五年ばかり、チェコ共和国誕生からわずか二年ということになる。だから、まだ先のことはよくわからない。ガイドのYさんの話ではないが、生活必需品はみな高くなって、それだけ個人負担が増えたという。しかも市場経済に移行してから汚職が目立ち、経済のバラつきが激しくなって、麻薬問題なども含めて治安が悪化した。

たとえばデパートの裏などに、相当数のホームレスがうろついていたりする。家賃が急騰したために、住居を失った人たちだ。観光客目当てのスリ君も増えるわけである。

しかし私は、もう少し念入りにプラハの街のあちらこちらを見て、歩いて聞いて、これまでの歴史を知りたいと思う。とりわけ「プラハの冬」ともいうべき第二次世界大戦下のドイツ占領時代を調べて、私なりの感想をまとめてみたいのだ。そんな思いがやみがたく胸にふくらみ、冬の下見から夏の到来を心待ちにして、プラハ再訪となったのだった。

## 2　ナチ占領下の悲劇を追う

### レジスタンスの映画と文学

第二次世界大戦下、チェコスロバキアが、ナチス・ドイツ軍の占領下にあったことはすでに書いた。が、その実態はどのようなものだったのか。

プラハを中心にしてのナチの恐怖政治と、それにつながる痛ましい惨禍や、過酷な犠牲、あるいは生命を懸けてのレジスタンスを描いた映画や、文学・記録作品は少なからずある。

映画では、たとえば「抵抗のプラハ」「暁の七人」「マルシカの金曜日」などが、私の心に強い印象を残している。しかし、どの作品もみな申し合わせたように悲壮な結末で、見終えたあとに重くやるせなく胸がふさがった。

ヤロミール・イレッシュ監督による「マルシカの金曜日」は一九七二年の作品で、反独抵抗運動に加わり、囚われの身となって処刑された実在の女性マルシカの、日記をもとに映画化された。ドラマは彼女の獄中生活と、回想シーンによる地下活動とを重ね合わせながら、そのひたむきな青春を詩的によく浮き彫りにしていた。

白い壁が、毎日
　私を見つめている
扉はいつも閉ざされている
それでも小さな窓から
　ささやかな光が射してくる
それが私の希望
その小さな光のなかで
　想い出がよみがえる

………

マルシカは、ふっくらと娘盛りの二二歳。あまりにも美しく平和だった故郷と、その人びとを愛してたたかい、暗く閉ざされた獄中生活もついに最後の日を迎えることになる。金曜日の午後に、処刑される同志は九人。銃殺刑は中庭で、一人二分きざみに執行されるのだった。九人の仲間一人ひとりの頬にキスを贈った彼女は、最後の言葉をこう結んだ。

「私は胸に愛をいっぱいにして、死んで行きます。みんなのことを思って行きます。さようなら……」

見終えてから二〇年以上もたつと、映画の細部はほとんど消えてしまうのだが、マルシカの最期だけは今も忘れることができない。

この映画で撮影されたチェコの農村は、ほんとうにうっとりするほどみごとだった。あんなきれいな自然の大地を軍靴で踏み荒らされれば、侵略者共に対して、黙っていられなくなるのもわかるような気がしたものだった。

さて、文学作品はとなると、映画よりももっと豊富にある。私がまだ青春期に読んで、やはり忘れられない短編に、ヤン・ドルダの「高遠なる徳義」がある。

この作品は、戦後七年目に出たドルダの短編集『声なきバリケード』に入っているのだが、決して譲ってはならない人間の尊厳を考えさせられる作品だった。訳者のご了解を得て、その内容を少し紹介させていただこう。

「流行おくれの、ろくにアイロンのあたっていない百姓服を着、あばた面で、いつも古典本――その文章の美しさに酔って、もちまえのしわがれ声もわすれて彼はながい引用をするのだった――で重くなった鞄をさげた彼の姿は、七年生の生徒たちには実に滑稽に思われた」

そんな書き出しから始まる「高遠なる徳義」とは、実は老教師が授業でいつも口ぐせにしている言葉なのだが、また生徒たちがつけたニックネームにもなっている。

ある日――それは一九四二年六月のことだったが、突然授業中にやってきたドイツ兵によって、クラスの生徒三人が逮捕される。彼らはつい昨日の水泳場での軽い放言が元でつかまり、夜のニュースで、そくざに銃殺刑になったことが報じられる。

たまたまドイツから派遣されてきた占領軍司令官ハイドリヒが、何者かに暗殺されたのである。戒厳令が布かれて多くの市民がぞくぞくと逮捕、処刑される暗黒の日々となり、連行された者はもう二度と戻ることがなかった。三人の生徒たちも「殺されていい気味さ」といったやりとりを何者かに聞きとがめられて、とんでもない結果になったのだった。もしかすると、その密告者はクラスの誰かかもしれなかった。

## 老教師の勇気ある発言に

さて、次の日の職員室。三人の生徒たちを失った教師たちは、いつ自分の番がくるかと、みな脅えきった目で、血の気のない顔を引きつらせている。三人の生徒に非があったとすれば、いずれまもなく、教師と学校の責任が追及されることだろう。すると「口のうまい軽薄才子」のある教師は、当局あてに忠誠を誓う一文をすぐ送付すべきだと提案した。早手回しに用意した文書にみなの署名を求めるが、

「わたくしは年をとった人間です。生涯のおわりに当たって嘘をつくようなことは……」

そういう年配教師の一言で、取りやめになってしまう。

では、そのかわりに問題のクラスの生徒たちに対し、処刑された三人の考えとはちがうという意志を徹底させ、証拠文書としてクラス日誌にそれを記録しておくべきだということになる。しかし、誰がそれをやるのか。もちろん担任だということで、難を逃れた一同はほっと息をつく。

大任を押しつけられた「高遠なる徳義」先生は、重い足どりで教室へ向かい、生徒たちを前にした。
「諸先生はわたくしに、昨日の出来事を……正しく……話すよう……依頼されました。高遠なる徳義……の見地によりますと……」

その瞬間、全員の目が、老教師の顔に集中した。滑稽としか言いようがなかった「高遠なる徳義」の一語に、ふいに重大な恐ろしい意味がこめられたのを生徒たちは感じとった。老教師が何を言い出すか、と一同は固唾を飲んだことだろう。

「高遠なる徳義の見地によりますと……わたくしは、諸君に次のようにいうことができます……」

作品では彼という表現になっているが、老教師は教え子たちを前にして、ついに一身上の決意を語る時がきたのである。作品は次のようなラストで締めくくられている。

〈「わたくし自身も……ハイドリッヒの暗殺には、賛成なのです!」

彼はすべてがいわれたことを感じた。それで教壇の方をむいて腰をおろし、学級日誌に書きはじめた。しかしペンが紙にふれるかふれないかのうちに、生徒の腰かけの方から耳なれた音がしてきた。

「高遠なる徳義」先生は、眼をゆるゆるとクラスの方へあげた。彼のまえには二十人の七年生たちが顔をあげ、ぎらぎら光る眼をして「気をつけ」の姿勢で立っていた。〉

ラストの一行がいい。

老教師は、ついに信念を曲げなかったのである。なにしろ普通の時ではない。三人の生徒が裁判もなく右から左へと闇に葬られた以上、死を覚悟しての発言だったのだろう。

だから、生徒たちもその勇気に応えた。日頃は小馬鹿にしてアダ名でしか呼ばず、授業もろくに聞いてなかった一同は、驚きと感動のあまり全員が「気をつけ」の姿勢で直立し、老教師に万感の敬意を表したのだった。

日本の教育現場にも、こういう先生がいてほしいと思う。子どもたち生徒たちの未来や生命に波及するかもしれぬ重大な問題には、教師一人ひとりの生き方と良心とが問われているのだ。まあいいや、仕方ないさの事なかれ主義では、教え子たちの信頼は得られないのである。

しかし、いくら第二次世界大戦中の占領下とはいえ、そして恐怖政治の元凶だったからとはいえ、ハイドリヒへの個人的なテロはどんなものか。今となっては素直に共感できる人は少ないだろう。老教師は圧政者の暗殺に「賛成」というよりも、もっと別な表現がなかったのかという気もするのだが、ここまでくると、ハイドリヒとは一体何者なのか。チェコに君臨して、何をしたのかが知りたくなる。

そして、誰がどのような意志と手段で、暗殺行為に及んだのか？

### ナチのチェコスロバキア併合

次に、少し歴史を振り返ることにしよう。ヒトラーがドイツ首相の座について、ナチス党が公然たる権力を手にしたのは一九三三年一月のことだった。

それからまたたくまに、他のすべての政党や労働組合もつぶしたかれらは、途方もない勢いで全ヨーロッパへと「力の道」を目指した。

「ドイツ国民は、全ヨーロッパを支配し、それをドイツ民族の帝国に変える権利を持っている」とは、ヒトラーがSS(ナチス親衛隊)への演説で公言してはばからなかった主張である。

誰もヒトラーとナチにそんな不当な権利を与えたはずはなかったのだが、ヒトラーが「不退転」の決意で臨んだドイツ帝国の拡張と、ドイツ人と同じ血でつながる統合の覇権の第一歩となったのが、オーストリア併合だった。対外的にはオーストリア在住のドイツ人保護を口実にしたが、一九三八年三月より事実上の支配権を握ることになった。

次にヒトラーが秘密攻撃指令を出したのは、チェコスロバキアだった。

ドイツと国境を接しているズデーテン地方に、多くのドイツ人が住んでいることから、ドイツへ割譲せよと主張し、イギリスとフランスの同意を取りつけることに成功した。ヒトラーのなかば暴力的な威嚇に、第一次世界大戦の傷と世界恐慌のあおりを受けていた両国は、武力ではとうてい太刀打ちできずに屈服したのである。

三八年九月、チェコスロバキアの一部ズデーテンランドをドイツに割譲することを決めたミュンヘン会議は、イギリス、フランス、イタリア、ドイツの四首脳らによって結ばれた。当事国のチェコスロバキアは、会談に参加することもできなかった。ただ一方的に屈辱的な協定を押しつけられたわけだが、その半年後、ヒトラーはズデーテンだけのはずだった公約を破って、チェコスロバキア全土を占領し、思うままに解体してしまった。

チェコスロバキアの西部に当たるボヘミアと中部のモラビアがドイツ保護領となり、東部のスロバキアは保護国となった。

チェコスロバキアのベネシュ大統領は、シュラメーク首相とともに、いちはやくロンドンに亡命して、政府を存続させた。

しかし、ヒトラーの野望はこれだけで収まるわけではなく、翌三九年九月、ドイツ軍は一方的にポーランドへ侵攻、ここに第二次世界大戦の幕が切って落とされることになる。

ドイツの保護領となったチェコ（ボヘミア・モラビア）政権は、当然ながらドイツの言いなりにならざるを得ず、事実上の傀儡になりさがった。レジスタンスを呼びかける主体の共産党はすでに解散させられ、地下深く潜行していたが、その活動家の多くが逮捕されて強制収容所送りになり、あるいは処刑されていた。プラハで、学生と市民集会に流血事件が起きたのは、第二次世界大戦勃発から二カ月ほどしてである。

独立と自由をさけぶデモ隊にドイツ側が発砲し、カレル大学の医学生ヤン・オプレタルが重傷を負って死んだ。これで学生たちは怒りに燃えた。彼の葬儀と占領に反対するデモが全国に広がったことから、ドイツ当局はリーダー格の学生九人を銃殺し、学生・教授など一〇〇〇人以上を強制収容所へ、さらにチェコのすべての大学を三年間にわたり閉鎖するという暴挙に出た。

しかし、事態は一向に治まらなかった。非合法の反ナチビラやニュースが手から手へと渡り、各工場や鉱山などでサボタージュやストが続発した。ドイツの占領政策は思うにまかせず、業を煮やしたヒトラーは、自分の右腕ともいうべき直属のハイドリヒをチェコ副総督としてプラハへ送り込んだ。

一九四一年九月のことである。

## 残虐な圧政者ハイドリヒ

ラインハルト・ハイドリヒは、ＳＳ（親衛隊）大将のほか、保安警察長官の肩書きをもち、徹底した冷酷さで能率を上げる機械のような男で知られていた。ソ連侵攻ではもっとも残虐なＳＳ殺人部隊を組織している。さらにユダヤ人絶滅政策をまとめたヴァンゼー会議の最高責任者となり、「最終的解決」と称するジェノサイド＝みな殺し機構を作り上げたことでも、ヒトラーの厚い信頼を得ていた。

写真で見るところ、やたらと長身で金髪、白面のやさ男のようだが、チェコの抵抗組織にとってはワースト・ワンの圧政者にほかならなかった。

ハイドリヒは、チェコ総督ノイラートが病気のため、その代理の副総督という名目でプラハに乗り込んできた。が、事実上は占領政策上の最高司令官だった。彼はただちにチェコ全土に戒厳令を布き、抵抗者たちを鎮圧すべく、ありとあらゆる集会を禁止した。これにそむいた者は、上訴なしに銃殺あるいは斬首すると布告した。

単なる脅しではなかった。彼の着任したその日のうちに一四二人が処刑され、五八四人が強制収容所へぶち込まれた。傀儡政権の首相エリアーシでさえ、レジスタンスと通じていたという疑惑で逮捕され、すぐ死刑の判決となったことでも、その超権力ぶりがわかろうというものである。

翌一〇月には二四八人が処刑され、九五三人が強制収容所送りとなる。ギロチンの鋭い刃は休む間もなく落下し続けて、そのたびごとに天井のシャワーがおびただしい血液を洗い流していった。こうして「プラハの殺人鬼」「金髪の野獣」とまで恐れられたハイドリヒだったが、しかし力による統治だけでは一般市民を離反させることも、また承知の上だった。彼はほどなくして、巧妙にアメとムチを使い分けるようになる。

「諸君らのこれからの道は、二つに一つだ。皆で力を合わせて働き、生活を豊かにするか？　それともいたずらに反抗し、絞首台から一足飛びに地獄へ行くか？」

フラッチャニー城（現在のプラハ城）の総督府から、ハイドリヒはラジオ・新聞を通じて、そう呼びかけた。

イエスかノーかの、単純な論理だった。へたなことをしてつかまれば最後だし、一方に食糧や煙草の特配などアメ政策もあって、軍需工場や各産業などの生産高は上昇していった。硬軟両面からの〝ドイツ化〟によって、地下組織は一掃できるというのが、彼の狙いだったのである。

このままの状態が続けば、チェコの民心はいつしかナチの支配になびいていくかもしれない。それをもっとも恐れたのは、祖国を後にしてロンドンに逃れた亡命政権だった。ベネシュ大統領らの亡命政府は、祖国を牛じるナチ元凶を葬り去るべく、ハイドリヒ暗殺計画を決定した。

もし暗殺が成功した場合には、恐るべき報復が待ちかまえているだろう。どれほど過酷な犠牲になるかについても、考えないではなかった。しかし、チェコの民心はその犠牲によって、まちがいなくドイツの占領政策から離れるはず。したがって〝ドイツ化〟が失敗するだろうことは、亡命政府の望むところだった。犠牲よりもプラスのほうが大きい、と判断したのである。

　こうして一九四一年の暮に亡命政府は、イギリス空軍機で、二人の特殊工作員をチェコに送りこむことになる。

　秘匿名アンソロポイド（類人猿）作戦の責任を負った決死隊員は、ハイドリヒ暗殺の特訓を受けたチェコとスロバキア出身のイギリス軍青年兵士で、ヤン・クビシュとヨセフ・ガブチークだった。深夜に落下傘でプラハ郊外に降下したかれらは、すぐに抵抗組織にかくまわれたが、二人の目的を知った活動家たちは、報復の犠牲はただごとでないと判断し、暗殺計画をやめるようにロンドンに打電した。

　しかし、亡命政府の背後には、イギリス政府がついていた。ミュンヘン会議でヒトラーから煮湯を飲ませられたイギリスは、現地からの要請に決して耳を貸さなかったといわれている。

プラハのユダヤ人街の石だたみの道

## ハイドリヒ暗殺のあとに

少し先を急ごう。ハイドリヒの身辺を注意深くうかがっていた地下の抵抗組織に、やがて絶好のチャンスが訪れた。

ある日、ハイドリヒがプラハ郊外の別荘から、ヒトラーのいるベルリンに向けて、空港へ向かう行動予定がわかったのである。

アンソロポイド作戦は、決行ときまった。圧政者を乗せた車を、プラハ北西のカーブ地点で襲撃すべく、綿密な計画が立てられた。カーブなら車の速力が落ちるだろうから、狙いやすく成功率が高いと判断したのである。この時点では二人の決死隊員のほかに、何人かの補助要員がついていた。みなイギリスから空路ひそかに降下したメンバーで、総指揮を執るのはアドルフ・オパールカ少尉だった。

しかし、どうしてハイドリヒの極秘の行動予定が、地下潜行グループに通じたのだろう。

この事件についての数冊の資料を照合しながら事実関係を調べていくと、実名まで挙げて経過をあきらかにしたものもある。

Xデーの四日前、ハイドリヒの執務室の柱時計が故障したため、秘書が市内から修理人を呼んだ。修理工ヨセフ・ノボトニーは作業の合間に司令官の机上にある予定表を見た。空港へ行く日時のほか、道順まで記されている。すばやくメモして紙屑籠へ捨てた。出入口で身体検査があるので、持っては出られない。ノボトニーの立ち去ったあとにやってきた掃除婦メアリー・スネロバは、屑籠の中身を袋にあけてごみ捨て場へ行き、それから数時間もしないうちにメモは地下組織に届いた。司令官室の周辺にまで、そうした目が光っていたとは驚くべきことだが、この二人はその後どうなったことか。

その日――一九四二年五月二七日朝、ハイドリヒは出発の時間にやや遅れたため、護衛車なしで、ベンツのオープンカーを空港へと走らせた。

特殊工作員たちは、予定通りカーブ地点で、襲撃態勢に入った。しかし、決定的瞬間に思わぬアクシデントが起きた。ガブチークの用意した組立て式軽機関銃が、故障して弾が出なかったのだ。だが、危機一髪、クビシュが投げた手榴弾がベンツに命中した。その傷が原因で、壊疽を起こしたハイドリヒは、八日後に死んだ。

アンソロポイド作戦は、ついに成功したのである。

## 戒厳令と恐るべき報復

ハイドリヒ襲撃さるのニュースはすぐにベルリンへ飛び、ヒトラーは顔色を変えて激怒したという。その復讐ともいうべき報復措置は、もちろんあらかじめ予想されてはいたものの、地下にひそんでいた抵抗者たちの想像をはるかに超えるものがあった。

すぐに戒厳令が布かれ、夜間の外出が禁じられた。

道路も、通信も、レストラン、劇場も閉鎖、外出禁止時間に街に出た者は、ただちに射殺されるとした。そして犯人を捕えた者、隠れ家を通報した者には一〇〇〇万コルナ（現在のレートでも約四〇〇〇万円）の賞金を与えるが、逆に犯人をかくまいあるいは助け、その所在を知りながら報告しなかった場合は、本人と家族もろとも死刑と布告された。こうしてレジスタンスの支持者はもちろんのこと、多少とも占領政策を白い目で見ていた者まで続々と逮捕され、すぐに処刑台へ送られていった。

「五十人、百人、二百人という人たちが一瞬のうちにくくられ、屠殺用の家畜のようにトラックへ積まれて、コビリシへ大量処刑に運び去られる。この人たちの罪というのは、一体何なのだろう？まずいえることは、無罪だという罪である」

すでに逮捕されて獄中にいた作家ユリウス・フチークは、ひそかに書いて外部へ持ち出された作品『絞首台からのレポート』にそう書き、さらに続ける。

「屍は積みかさなって、山になっている。その数はもはや幾十でも幾百でもなく、幾千、幾万である。たえることのない新しい血は、野獣たちの鼻孔を刺激する。（中略）彼等は労働者たち、教師たち、農民たち、作家たち、事務員たちを死に送る。男たち、女たちはもちろん、子供たちまで虐殺し、一家全体を殺す。村全体を殺し、焼き払う。銃弾による死は疫病のように国中をのし歩き、だれかれの区別はしない……」

戒厳令の布告から、わずか一週間ばかりのあいだに一万三〇〇〇人が逮捕され、一八〇〇人もが処刑された。

処刑者の氏名は、その日のうちにラジオを通じて公表され、新聞から街頭の張り紙にまで書き出されて、市民たちを恐怖のどん底にたたきこんだ。

フチークが「村全体を殺し、焼き払う」と書いたのは、「野獣たち」のもっともおぞましい報復の的とされたリディツェ村だった。プラハ北西一五キロばかりの一寒村は、暗殺事件と直接的な何の関係もなかったにもかかわらず、六月一〇日、男たちは皆殺しにされ、女性たちは強制収容所へ、子どもたちは国外へ連れ去られ、破壊しつくされた村は一望の大地となって、完全に消されてしまった。

そして、たたみこむように決死隊員たち七人の悲壮な最期がやってきた。

六月一八日、彼らのアジトだったプラハ市内の聖キリルと聖メトデゥース教会が、激しい銃撃戦の修羅場となり、抵抗者たち全員が死に絶えた。かれらは降伏の呼びかけに応じることなく、最後に自決の道を選んだのである。

## 3　そのモニュメントはいつの日か

### 子ども像の建立に向けて

クリスマスをはさんで暮のプラハ行きから、盛夏の半袖姿の再訪まで、半年ちょっとのあいだに、季節の移り変わりばかりでなく、いろいろな動きがあるものだと思う。

六月のある日、ふと何気なく広げた新聞の片隅に、私は注目した。「チェコのナチス犠牲者、子供像の建立に協力を」の見出しの横に、「秋田の主婦ら、募金の輪」としてあって、具象化された子どもたちの一種異様な表情の群像写真が添えてあった。「恐怖やおびえの表情が宿っている八二人の子どもたちの石膏像＝プラハのアトリエで」だそうである。（「朝日新聞」95・6・13）

リディツェ村で、犠牲になった子どもたちの群像だという。そうか、帰らなかった子は八二人だったか、と私はつぶやいた。

チェコの女性彫刻家マリエ・ウヒチローバさんの作品で、鎮魂の歴史を後世に伝えようと、約二

彫刻家の故マリエ・ウヒチローバさんのアトリエにある石膏の子ども像

○年をかけて制作されたとのこと。しかし、芸術家は六年前に志なかばで死去した。残された夫君と友人らが遺志を継いで、ブロンズ化する運動を起こし、これに秋田県の主婦古田千恵子、小玉俊子さんらが支援のエールを送りたいという内容だった。

具体的には八二体の石膏のうち、ブロンズ化する見通しのついているのは半分で、残り四一体に二五○○万円がかかる。プラハの知人から募金運動の要請を受けた古田、小玉さんらは、三○○万円を目標にがんばりたいとのことで、やっと五○万円が集まったところ。仙台や横浜などにも支援の輪が広がりつつある、というのが結びで、問い合わせ先の電話番号が記されていた。

私は、思わずほうと感嘆の声を上げた。秋田県にこういう主婦もいてくれるのか、と脱帽したくなった。

女性パワーの時代とはいえ、日本とは直接的な関係のない遠い国の、しかも五○年以上も昔の惨劇だから、支援運動といっても容易なことではないだろう。国内でそれよりも先にやらねばならぬ運動がある、といった声も出るにちがいない。

しかし、市民運動というものは、その人がもっとも深く心に響いたところから呼びかけたらよいのである。心のこもらぬ声が、声につながるはずがない。ねばならぬという義務感からは、何事も話は進まないのだと思う。

私は早速に、記事の末尾に出ている連絡先に電話を入れてみた。

やはり思った通り、落ち着いたおだやかな声の女性が出て、それが小玉俊子さんだとわかった。□

調からも人柄が偲ばれる。

「あのう、資料などありましたら、送っていただきたいものと思いまして……」

そんな問い合わせは、決して少なくなかったはずだが、小玉さんはいささかも事務的な感じでなく受けてくれた。

「実は、そのブロンズ像の見本というか、ミニサイズのは、私、リディツェ村役場で見てきたのです。ええ、去年の暮のことでしたが、この夏にもう一度行ってみようと思っています」

そう言いながら私は、カミさんと娘とで出かけていった冬空の下のリディツェ村を思い出していた。

## 悲劇の村リディツェへ

真冬のプラハは、からっと晴れる日が少ない。どんよりとした雲が重々しく頭上を被って、いつも灰色の感じである。

その日は、朝八時にホテルを出発したのに、ようやく空が明るくなってきたのは、各国大使館の並ぶ高級住宅地と、かつてレーニン像のあったという広場を越えて、高層団地群にさしかかった時だった。

それでも、夕焼けのような色合いの太陽である。ライトをつけた二台連結の市電とともに進む。鳥がやたらと空に舞うポプラ並木の道は、ビロード革命の前はレーニン通りだったが、いまはヨーロッパ通りという。ナチ占領下もドイツ人好みの名がつけられていたから、時代の流れに何度も変

子ども群像が完成すれば……（ミニチュア）

わったわけである。

左手にプラハ空港を見ながら、さらに進むとやがてLIDICEの標示が見えてきた。ああ、もうすぐだと思ったが、そこからリンゴ畑に迷い込んでしまい、しばらくまごついてしまった。

現地旅行社の若い運転手さんは、初めての訪問地だという。そういえば、日本語で入手できるガイドブックには、リディツェ村はただの一行も出ていない。観光客が好んで足を向ける場所でないのはわかるが、国内からもかえりみられないのは何故か。きっと、思い出すには、あまりにも辛すぎるからではないのだろうか。

小ぢんまりとした村役場には、スカーラ村長と記念館館長のチェルマークさんが、私たちを待っていてくれた。

村の人口は、いま一六〇〇戸あまりの四七〇〇人ばかりで、惨劇のあった当時よりも戸数は増えたが、人

口はいくらか減ったのだそうだ。日本と同じに出生率が下がって、各家庭の子どもが少なくなったのだろう。すぐ西方の炭鉱町クラドノに勤務する人が多いが、やや不便なところなので、村人口は変化しないとのこと。すると、当時も現在も、プラハ郊外なら、どこにでもありそうなごく平均的な寒村だったのにちがいない。

質素な応接間には、壁画に惨劇前の村全景が油絵で飾られている。高台から見た風景は色とりどりの屋根の中央部に、バロックふうの尖塔を持つ教会があって、その左手に四角い窓の並ぶ二階建ての学校があった。目立つ建物といったらそれくらいで、シネスコの空の下、のどかなたたずまいである。この平和が一瞬のうちに破壊されたのかと思うと、なんともやりきれなくなる。

ふと棚の上に、目を移した。かわいらしい子どもたちの、ミニモニュメントである。

「これは？」

「村から連れ去られたきり、二度と帰ることのなかった子どもたちです。八二人います。実は等身大のものが石膏でできているのですが……」

と、スカーラ村長は唇を歪め、その先を言いよどんだ。

「え？　八二体もが等身大で、ですか？」

「ブロンズにするには、先立つものがねえ。こんな小さな村ですから、自力ではなかなか困難ですし、政府も財政難でして……。この群像のほか、子どもたちの記念館も作りたいのですが、まあ、すべてはこれからですよ」

「そうですか……」

「あきらめずに訴えていきます。何年何十年たとうが、決して忘れてはならぬということです。忘れてしまっては、子どもたちが浮かばれませんからね」

村長の声は、ズシリと、重々しく私の心に残った。

## 還らなかった子どもたち

それにしても、なぜリディツェ村が、ハイドリヒ事件をめぐる村ぐるみの報復対象になったのだろうか。

誰しも疑問に思うことだろう。事情はこうだ。ゲシュタポ（ドイツ秘密警察）はじめ各保安組織は、戒厳令下に襲撃犯人捜索でやっきとなった。治安当局者と軍関係者四五万人が捜索に乗り出し、プラハ市内から一軒ずつをシラミつぶしに探っていって、実に四七〇万人のチェコ人が取り調べられたという。これによって逮捕された者は一万人以上となり、いささかでも疑わしい者が次つぎ処刑されたことは、先にも書いた。

しかし、それにもかかわらず、犯人たちの手がかりは一向につかめなかった。

襲撃事件から一週間が過ぎる頃、ドイツ当局は対外的にも苦しい立場におかれてきた。こうなれば理由はなんでもよかった。犯人たちに通じていたとか、武器を隠していたとか、ごくあいまいな風聞でも、とにかくどこか一カ所を血祭りにする必要があった。

リディツェ村に、その的がしぼられたのは、たまたま一軒の農家ホラーク家の息子ヨセフ・ホラーク氏が三年前から行方不明で、どうやらイギリス空軍に参加しているとなったからである。当時のチェコではよくある例だったが、これを暗殺犯人と関係ありとして、ヒトラー総統命令によるリディツェ村抹殺作戦が決行されたのだった。

一九四二年六月九日深夜、トラック何台もで村を襲った侵入者たちは、一軒ずつの扉をたたいて、家族たちをみな外へ追い立てた。

一五歳以上の男たちは、ホラーク家の農園に、女と子どもたちは学校へ。その時点では、村人たちは一体何が起きて、どうなるのかもまったく知らされず、ただ力ずくの命令に従うよりほか仕方なかった。

一〇日早朝から、ホラーク農園で、男たちの処刑がはじまった。おそらく最後の瞬間まで、誰もが半信半疑だったことだろう。自分たちが殺されなければならぬ理由は、まったく皆無だったから。しかし、一〇人ずつが一列に並ばせられ、一斉射撃でバタバタと倒れていった。

「五〇人の処刑がすんだところで、銃殺隊は休憩をとり、神経をしずめるために、シュナップス（オランダのつよい酒でジンの一種）がだされた。ここで三人が銃殺の続行をことわったため、予備の連中と交代した」

ジョン・ブラッドレー『大虐殺―リディツェ村の惨劇』に、そんな記述がある。撃たれて倒れた者には、分隊下士官がすぐに拳銃弾を頭部に撃ちこみ、止めをさしたというのも、身の毛がよだつ。

これで一〇日の午前中に、リディツェ村にいた男たち一四三人が、一人残らず殺されて、死体から金歯と指輪や時計が抜き取られた。

二〇三人の女たちは、男たちの残酷な運命も知らされぬまま強制収容所へ送られ、強引に親と引き離された一〇五人の子どもたちは、国外へ連れ出された。

文字通り無人となった村は破壊しつくされ、残骸が運び去られた後に整地作業となり、小川さえも埋め立てられてしまって、その痕跡さえ止めぬ大地と変わった。レジスタンスに多少ともかかわるなら、こんな目にあうのだぞ、という凄惨な見せしめだったといえるだろう。

なお、連れ去られた女性たちのうち、戦後になってから村の跡地に生還できた者は一四三人、子どもたちは一七人（男子七人、女子一〇人）でしかなかった。

## まずはアトリエへ

あの夜、無理矢理に親兄妹と引き離されて、それっきり二度と故郷へ帰ることのできなかった子ども像は、どんな石膏になっているのだろうか。

今度の旅では、プラハに来るとイの一番に、子どもたちの群像を見にいくことにした。案内役は、秋田県の小玉俊子さんから紹介されたヴィエラ・フェクソーバさんだ。

フェクソーバさんは、元英語の教師で、彫刻家のマリエ・ウヒチローバさんとは旧知の関係だった。友人亡きあと、その遺志を継いで、子どもたちの群像八二体のモニュメント建立のために立ち上がった一人だということである。

ホテルのロビーに来てくださったフェクソーバさんは、

「よく来てくださいました。小玉さんからお便りをもらって、あなたのこと、待っていたのです」

と、とても親しげな笑顔で、なんだか初対面のような気がしなかった。

彫りの深い知的な風貌で、行動的な断髪に藍色

アトリエの庭で案内者フェクソーバさん

のブラウス、水色のスカートがよく似合う。六十年配かと見えたが、きりっとした感じの女性である。避暑に行く予定を延ばして、待っていましたとのこと。したがって午前中の予定を終えたら、その足で家族の待っている避暑地へ直行するというのに、大いに恐縮してしまった。

また彼女は、私のためにと、貴重な資料を一袋用意してくれていた。

コピーの一枚は英文で、「戦争の犠牲となった子どもたちのモニュメント建立委員会の支援を訴える」文書だった。彼女もその委員会のメンバーだから、先にこの文書に目を通しておいたほうがよさそうである。およそ次のような内容だった。

「マリエ・ウヒチローバさんは、この二〇年間、虐殺されたリディツェの子どもたちのモニュメント作りに、情熱を注ぎました。八二人の子どもたちの像は、第二次世界大戦において犠牲となった三五カ国一三〇〇万人の子どもを象徴するものでもあります。彼女は世界全体をひとつとし、平和な未来を背負うのは子どもたちだという考えを、このモニュメントに託しました。

彫刻の完成後、彼女は惜しくも他界しました。しかし石膏のブロンズ化は、まだ実現していません。

私たちは、彼女の活動を全世界に伝え、なんとかブロンズ化を実現したいと思います。私たち建立委員会は、彼女の友人、知人から成り立っています。現在、石膏で保存されているモニュメントは、せいぜいあと二、三年しかもたないだろうといわれています。加えて、私たちの国は経済的に非常な困難に直面していますので、広く呼びかける次第です。

援助してくださる方々のお名前は、モニュメントの一部に刻まれます。どうか、私たちの運動にご協力下さいますように」

二〇年もかけた労作も、石膏のままでは永久保存はおろか、あと二、三年の寿命（じゅみょう）でしかないことを、私は初めて知った。ぐずぐずしてはいられないということで、フェクソーバさんの痛切（つうせつ）な訴えの手紙に、秋田県の女性たちも心を決めたのにちがいない。

## 制作に二〇年もかけて

それは、一体どんな石膏群像なのだろう。プラハ郊外アトコービッチ地区のアトリエに向けて、私はすぐフェクソーバさんに車に同乗してもらった。目的地まで三〇分ばかりだそうだが、車中でいろいろうかがうことにする。

「あのぅ、彫刻で八二体なんてあまり聞いたことがなく、すごい数ですが、それをみな一人きりで作り上げたのですか」

と、ごく簡単（かんたん）な質問から切り出してみた。

「ええ、そうそう。準備にも二〇年ほどかけて、制作にまた二〇年近くです。どこからも何の援助もなしに、一人でコツコツと朝から晩まで、一日一〇時間以上も、立ちずくめで、時々かがんだりの肉体労働ですから、ひどい腰痛（ようつう）になったりしましてね。とてもとても見ていられませんでした」

「すべて自力でですか」

「もちろん夫の協力はありましたよ。夫のジリー・ハムペルさんは、あなたと同じ作家でした。共にモニュメント一筋に打ち込み、ほかの楽しみはなんにも知らなかったですね。資金？　多少の私財のほか、他の作品を売ったりしてたけど、それもだんだんと先細りし、追いつかなくなってしまって……。過労がたたったのかもしれませんね」

「何故そんなにまで打ち込んだのですか。なんで？」

「いつだったか、彼女がこう言ったのを覚えています。死んでいった何百万人もの子どもたちの苦しみは、何物にも代えられない。わたしにできることは彫刻だけだ、と」

「ふーん……」

と、私は溜息をついて、「わからないではないけれど、誰にでもできることじゃありませんね」

「彼女は、こうも言いましたよ。虐殺された子どもたちは、ただ単に悲劇の象徴ではなくて、新たな戦争に対決する存在として、次の世代に伝えたいのだと。そういう勇気あるものに期待を込めたのでしょうね」

「そうですか。そうした期待があればこそ、彫刻家もがんばれたのかもしれませんね。二〇年も……」

私はメモを取りながら、そうつぶやかざるを得なかった。

それにしても、と疑問が残る。リディツェ村の惨禍は国家的な受難であるにもかかわらず、これだけの大事業をなぜ一人で背負わなければならないのか。国はただ手をこまねいて、傍観するだけだったのか。

製作中のマリエ・ウヒチローバさん

その点を聞いてみると、ソ連寄りのチェコスロバキア政府は、兵士たちの犠牲には関心があって、それらしいものは作ったが、子どもたちには積極的でなかったという。またビロード革命のあとの新政府は支援文書にある通りで、これからはともかく現在までのところ経済的な危機を脱しきれていない。ない袖は振れぬということか。

だから、建立委員会は、国外にも訴えてきた。加害国だったドイツを主に三〇〇万コルナが集まり、それらこれらの支援で、リディツェ村の戦跡地帯に二九体を建立することができたのだそうだ。しかし、まだ半分以上が残されている。

## 子ども群像の声なき声

いつのまにか、車は閑静な住宅地に入り、雑木林の横で動きを止めていた。目的地に着いたのだった。

ここまで来ると、二階建ての個人住宅が多く、中世風の面影を残したプラハ市内の建物とちがって、日本の新興住宅地とそう大差ない。庭地にややゆとりがあるくらいのものである。車を降りて小道に入り、木洩れ日の下を行った右側に、ウヒチローバ女史のアトリエがあった。

裏木戸のような門から、中庭に入る。南に面した庭の様子から、ここには人が住んでいないなと気づいた。セミの声だけがやたらと騒々しい。フェクソーバさんは管理もまかされているらしく、持参した鍵でアトリエの扉を開いた。

「さあ、どうぞどうぞ」

室内に一歩入ったとたんに、私は思わず声を上げそうになった。

大勢の子どもたちが、びっしりと隙なく直立したまま、映画のストップモーションではないが、瞬間的に色抜きされて、動きを止めたかのようだった。

それは、息詰まるような対面だった。子どもたちは、やっと歩き始めた幼児から、お下げ髪を背に垂らしたしなやかな少女までいる。身長も服装もはきものもまちまちだったが、恐怖に脅え、悲しみの表情や、すがるような手のしぐさが真に迫っていた。

つい今さっきまで、密閉された空間に、泣き声や嘆き声やざわめきが充満していたかのようだった。それは一体どこへ消えたのだろう。私は衝撃を受けて、棒のように立ちつくしていた。

「一歳から一五歳までの子どもたちです。いちばん小さな像は九〇センチで、大きいのは二メートル一〇センチあります。ウヒチローバ女史はプラハのアートスクール彫刻科の教授でしたが、このモニュメント作りのため、子どもたちの表情や動作をスケッチすることから取りかかったのです。リデ

ウヒチローバさんのアトリエ全景

イツェ村の母親たちからも、子どもたち一人ひとりの記憶を、丹念に聞いて歩きもしました。それらのスケッチが山のようになってから、制作に着手したのです」

「そして、二〇年も打ち込んだってわけですか……」

「亡くなる直前に完成し終えたのは、やはりというか、きっと芸術家の執念でしょうね。私には、そうとしか思えません」

フェクソーバさんの説明に、私は黙ってうなずいた。ただうなずくよりほか、言葉を失っていた。

すぐ目の前の少女が、私を見ている。うつむいた幼な子の手を引いていたが、大きく見張った目で、まじまじと凝視している。何かを訴えようとしている。こちらが目を逸らしたくなっても、少女の瞳は私をしっかりとらえて離さない。

「とてもリアルです。ええ、なんだか胸が詰まるような感じで、いたたまれなくなります」

私はやっとのこと、胸の内の思いを声にした。

二階の天井まで吹き抜けになっている室内は、壁ぎわに階段があって別室へ通じているようだったが、住居ではないらし

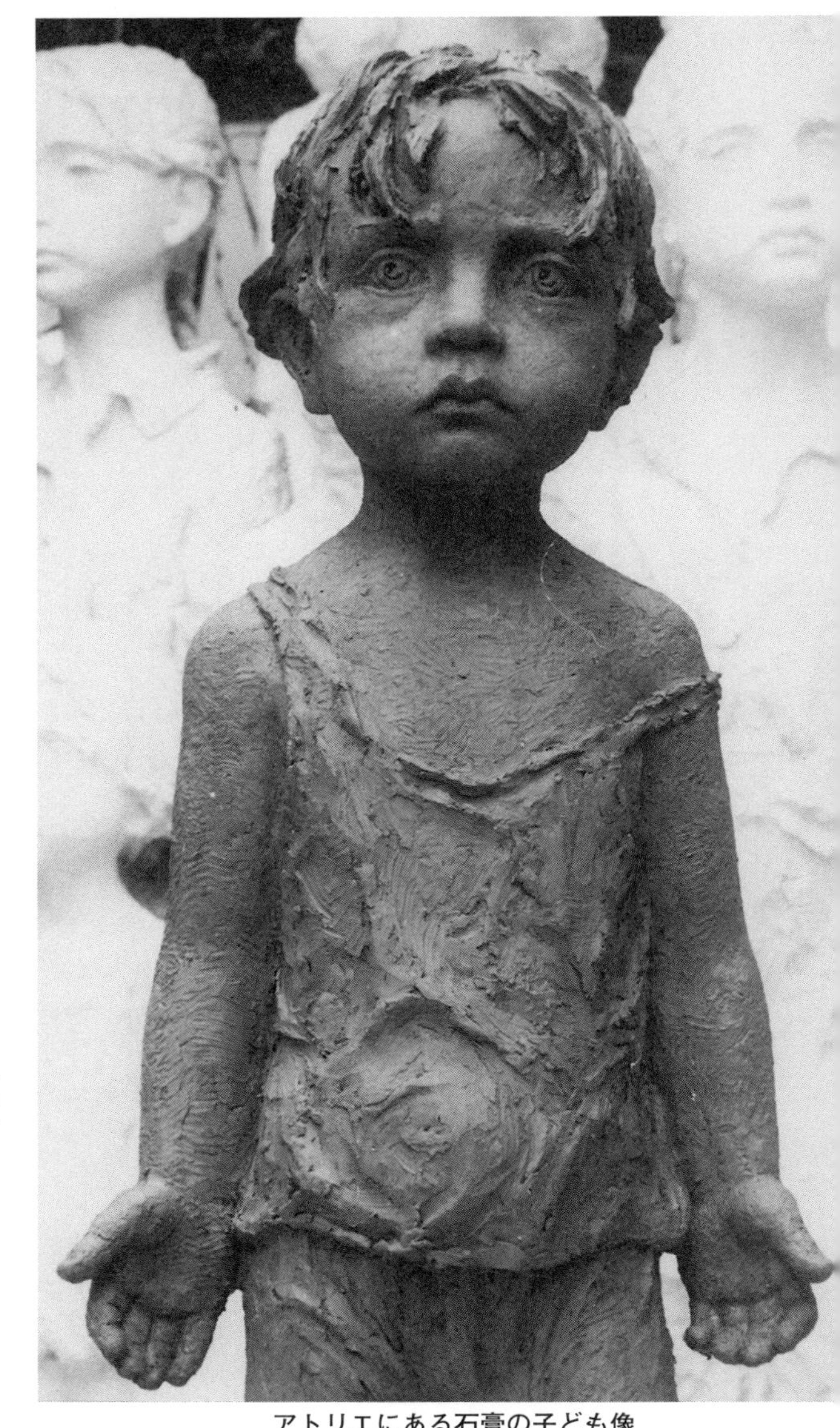

アトリエにある石膏の子ども像

い。あくまでも仕事場として使っていたのだろう。南面のガラス窓からの採光で、室内は明るかったが、石膏の子どもたちで足の踏み場所もないほどだった。

「忘れないでよ、ぼくたちを！」

一同は首から下げた番号札を宙に振りながら、口ぐちにそう叫んで、追いすがってくるかと思えた。

# 4　リディツェ村の傷痕は消えず

## リディツェ村再訪

アトリエのモニュメントを見たあと、親切にしてくださったフェクソーバさんと別れを告げて、車はそのまままっすぐリディツェ村へと向かった。

現地にはまたまた初めての運転手さんだったが、目的地に近づきさえすれば、今度は迷うことはない。私のほうで道案内できる。

「日本はずいぶん遠い国なのに、一年もしないあいだに、またもや来てくださるとは……」

村役場で待っていてくれたスカーラ村長は、私を思い出してくれたのか大きな手で握手を求め、親しみをこめた笑顔だったが、少々呆れたような口調でもあった。何がそんなに気に入ったのか、といわんばかりである。

気に入ったのではない。戦争の実態を後世代に伝えたいためだ。この前は暮も迫っていてせわしなかったので、もう少しくわしく知りたくて、と私は再訪の意志を説明しなければならなかった。

「こちらの一番いい季節は、六月ですよ。世界中から贈られてきた一万株以上ものバラが、いっせいに咲きますからね。もちろん、日本の広島からのバラも、です。その時まで、ここにいらしてはどうですか」

ハッハハハ……と、スカーラ村長は破顔一笑して、横に立っていた白い半袖シャツ姿のメガネの女性を、紹介してくれた。

「あなたからのご指名の人、マリエ・シュピコバさんがお待ちかねですよ」

「あ、それはそれは！」

と私は恐縮しつつも、こちらの要望がちゃんと届いていたのに、内心ほっとする思いだった。

「遠いところから、よく来てくれましたね。今日は私、とってもいい日です」

シュピコバさんは、上背があって伸びやかな方である。背筋も腰もシャンとしていて、陽焼けした顔も健康そうだった。事件当時はまだ子どもで、一〇歳だった。ということは、私とほぼ同じくらいの年頃になる。

この前来たときに、悲痛な体験を聞かせてもらったメロスラバ・カルボワさんは、当時一九歳の女性だった。カルボワさんだけの聞きとりで時間切れになってしまったから、次の機会にはぜひ子どもだった人の証言を、と考えていた。

というのは、リディツェ村の女性たちの場合、一六歳を境にして、その体験がまったく異なるからである。一六歳以上は例外なくドイツの強制収容所送りになったが、一五歳までの子どもたちは男

アトリエの庭隅に放置された試作の子ども像

女を問わず、みな国外へ連れ去られた。運よく生還できた子どもは二割ほどでしかない。第二次世界大戦にまつわる貴重な証言者といえるだろう。

しかし、戦後も五〇年となれば、その証言者も高齢化し、先細りしていくのは避けようもない。直接的な話を聞けるのも、もはや時間の問題なのだ。ましてやリディツェ村の事件からは五三年目ということになる。当時一〇歳の少女も、六三歳になるというわけだった。

## 母と子のための家並

村役場で迎えてくれた村長さんとの挨拶もそこそこに、私はシュピコバさんと一緒に記念館へと足を向けた。

館のほうに個人的な何枚かの写真も展示してあるということで、そこで当時のお話を取材したほうが、関連資料も含めてより肉付けできると思ったからである。

外に出ると、一瞬目がくらむばかりの陽光だった。盛夏の太陽が、ちょうど頭上にある。かなりの熱気だったが、日本とちがって湿気が少ないので、じっとりと汗ばむ暑さでないのが助かる。

村役場のあるあたりは、ニューリディツェと呼ばれて、学校や保育所や文化施設が肩を寄せ合っているのだが、逆に東へと向かう。メイン通りの先の、八角形の屋根をつけたモニュメントを目指して歩いた。一九五〇年代に作られたというリディツェ・メモリアルである。

通りの両側には、赤い屋根をつけた同じ造りの家が、一定の間隔できちんと並んでいる。みな二階家で、三角形の尖った屋根に赤レンガの煙突が突き出ている。垣根の奥には乗用車もあれば、きれいな花壇もある。

「このあたりは、戦後すぐに政府が復旧に乗り出して、家もその予算で作られました。建設工事には国内はもちろんのこと、国外からも駆けつけてくれたのです。一五〇戸ほどあります」

と、シュピコバさんが、歩きながら説明してくださる。

「つまり、ここに戻ってきた母と子のために、用意されたのですね」

「ええ、一四三人の女と、一七人の子どもたちのために、です」

「そうですか……」

社会主義の名を借りた全体主義の政府でも、そのくらいのことはしてくれたのだ。しかし、やっとのこと故郷の跡地に生還できたものの、そこはただの大地でしかなく、父も兄も夫も、一五歳以上の男たちは誰もいなかった。家はできても、みな女と子どもばかり。そんな村の生活を考えるのはつらい。傷はまだ深くこの人の心の奥に疼いているのにちがいない。

当時のリディツェ村は一〇五戸の約五〇〇人が住んでいたが、農業は四戸でしかなく、あとは隣町クラドノの鉱山や工場勤務だったという。侵入者たちは深夜に襲ってきたので、家を留守にしていた男たちは、たまたまその日が夜勤に当たっていた者くらいだった。勤務を終えて朝帰りした者たちと、不穏な空気を察して途中で逃げた者まで、例外なくつかまって殺されている。それらを含め計一九二人の男たちが、何がなんだかわからぬままに犠牲となった。

第２次世界大戦当時のチェコスロバキアと
リディツェ村の見取り図

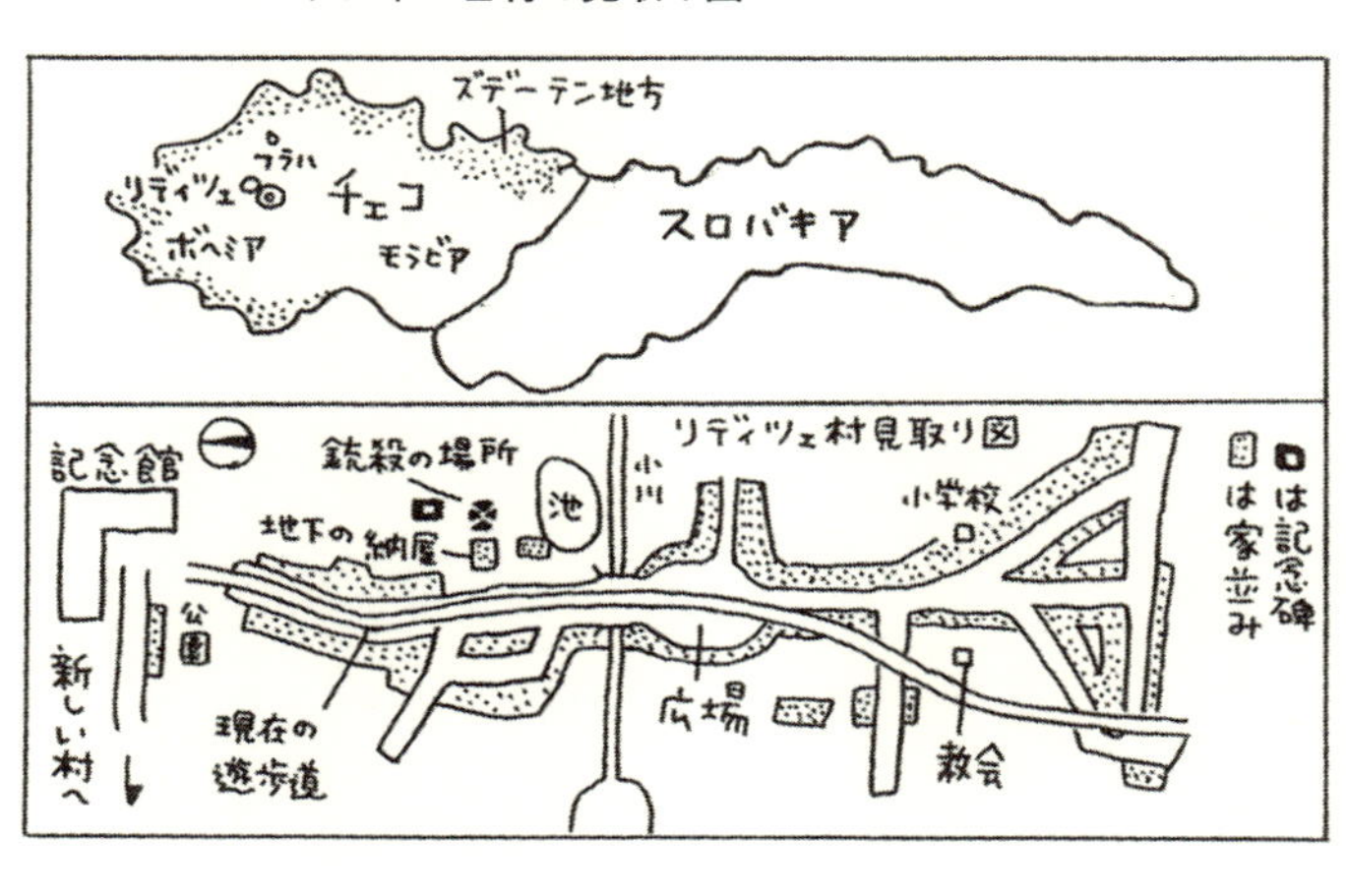


メイン通りの端に位置するモニュメントの横に小さな記念館はあるのだが、このあたりは高台になっていて、南面一帯にひろがる戦跡地帯が一望に見渡せる。

そこが、元のリディツェ村だった。

冬に来た時には、まったく人影のない静寂そのものの大地で、遠くの彼方の樹海が北風にごうごうと唸っていた。

見物人がたまにしかこない冬期の記念館は、あいにくと休館中だった。館長のはからいで特別に入れてもらえたが、暖房はなく、冷凍室のような寒気に震え上がったのを覚えている。

## 大きなリボンの少女が……

ふたたび記念館の展示室に入る。教室二つ分くらいの広さでしかないのだが、小さいなりに必要な資料がよくそろっていて、村の惨劇が視覚的にわかりやすく構成されている。地下室の小ホールでは、二〇分ほどの記録映

リディツェ・メモリアル、右に記念館

画も見ることができるので、初めての人なら映画を先にしたほうがよいのかもしれない。

展示室には、シュピコバさん関係の写真が、何枚かあった。

「これが、私ですよ」

と指さした一枚は、リディツェ小学校二年生の集合写真だった。

四〇人ばかりの子どもたちの最上段、左から三人目である。当時から背は高かったらしく、だからうしろに回されたのだろう。頭に大きなリボンをつけ、ちょっと顔をあお向き加減にして、口もとをゆるめている。

「あ、かわいいですね！」

「そりゃ、まだ一〇歳だから……」

ケラケラと、おかしそうに声を上げて笑う。

「前の列の男の子、そうとう腕白めいたのがいますね」

「ええ、そりゃいましたよ。おどけたのや勉強嫌いのや、いたずらっ子がね」

と、うなずき、

「このなかで、戦後どうにか無事に戻ってこられたのは、三人だけ」

「……三人？　まんなかの男先生は？」

シュピコバさんは、にわかに表情を引きしめて、首を横に振った。もう、さっきの笑いは消えていた。

展示室の奥の正面壁には、殺された男たちの遺影が一枚ずつ、壁から浮き上がった空間にとめてある。なかには名前だけで、顔写真のない人もいる。三〇〇人近い数だから、かなりの面積をとって、びっしりと並んでいる。

右の上段に、シュピコバさんの父と兄の写真があった。もちろん、若い日の面影のままである。別にお母さんの写真もあった。これは戦後の娘との再会スナップである。過酷な強制収容所生活で疲れはてた病床のお母さんは、スカーフを首に巻いてやつれた顔を隠し、ハンカチを目に押しあてている。

娘は、お下げ髪のふっくらとした横顔だが、これまた涙をぬぐっている。

「母は、それから三カ月後に、亡くなりました……」

私はぎくんとして、なんと言っていいのか、わからない。たった一語に、万感の思いがこめられている。

話すほうもつらいが、聞くほうもつらい。ああ、ナチによる犯罪行為は、決してその日その時だけ

戦後、病院で母と対面自分を指さすシュピコバさん

で終わらなかったのだと思う。

一九四二年六月九日深夜、リディツェ村の家々を襲ったＳＳ大隊とゲシュタポ隊員は、一五歳以上の男たちを、一人残らず銃殺したことは先にも書いた。では、小学校に集められた女性と子どもたちは、その後、どのような運命をたどったのだろうか。

次に、シュピコバさんと、当時一九歳だったカルボワさんのお話を紹介したい。カルボワさんの分は、昨年暮の収録である。

## マリエ・シュピコバさんの話（I）

あの夜、家の扉が激しくたたかれて、武装したゲシュタポがドカドカと踏み込んできました。その音が、それまでの私たちの幸せを、根こそぎ奪っていく前兆だったのです。

私の家は、リディツェ村九三番地、村の入口に近く、彼らはおそらく一番先に襲ってきたと思います。ですから、まったくの寝耳に水でした。父や母の恐怖の顔が忘れられません。

父はクラドノの製鉄所に勤めていましたが、ほかに母と祖母と兄と、五人家族で、家にはアヒルもいれば豚も飼っていました。

「すぐ着替えて外へ出ろ。ぐずぐずするな！ 貴重品も持つんだ。ただし、一五歳以上の男たちは、ちょっと後に残れ！」

と、彼らは、自動小銃を突きつけて、わめくように言いました。

何が起きたのかはわかりません。とにかく緊急事態が発生したのです。でも、私たちはまたすぐに家へ帰れるくらいのつもりで、大事なものだけを持って外へ出ると、小学校へ。それが、父と兄との一生の別れになるなんて、夢にも知らずに、です。

学校へ着いたとたん、廊下に並ばせられ、お金や宝石や、貯金通帳など、みんな取られてしまいました。彼らは一時預かるとかいったけれど、いくつかの籠にどんどん投げ入れられて、……ああ、これじゃ戻ってこないな、と思いましたけれど、銃を突きつけられている以上、どうすることもできません。

やがて、私たちはトラックに乗せられて、出発しました。トラックは幌付きでしたので、その隙間から外が見えました。

「あ、家が燃えている！」

誰かが、さけんだの。

見ると、あちらこちらの家に、ほんとうに赤い火がめらめらと。私は納屋に置いてきたアヒルが、かわいそうで、かわいそうで……。だって、卵を生んだばかりのもいて、数日前から親鳥が身動きもせずにあたためていたのです。

着いたところは、クラドノの、ゲシュタポ本部近くの学校でした。わらゴザを敷いただけの体育館に、三日間いましたね。そのうち、私たちは、母親と引き離されることになりました。もちろん、みんな必死で母親にしがみつきましたよ。泣いてわめいて叫んで、テコでも離れまいとしたんですけどね。

「おまえら、命が惜しくないのか！」

拳銃が天井に向けられてパパンと発射され、ひるんだ隙に彼らは、母から子を力ずくで引きはがしていったのです。まるで、手足をもぎ取るみたいに。

武装した五〇人からが相手では、か弱い女性と子どもたちだけでは、どうすることもできません。

## マリエ・シュピコバさんの話（Ⅱ）

こうして一かたまりとなった子どもたちは、それぞれ名前と番号つきシールをつけさせられて駅へ行き、列車でポーランドのウッジへ。高い塀と鉄の扉のついた建物で、元は工場のようでした。窓に鉄格子がはまっている床に、夜もそのまま寝かせられ、みんな泣いて親兄姉たちの名を呼び続けましたよ。

そのうちゲシュタポが、医師団をつれてやってくると、念入りな「選別」が始まりました。目の色と髪の色からはじまって、彼らの気に入った子が、横の列に並ばせられました。選ばれたのは九人で、ほんの一割ほどですが、なぜか私はその中に入ったのです。

九人はポツナニ近郊の児童施設送りになり、そこでは草むしりなどの仕事の合間に、ただただドイツ語を強制されました。待遇はなんとか人並みになったけれど、ゲルマン系に似た子を選んで、どこまでドイツ化できるかのモデルだったのかもしれませんね。

別れた友だちはどうなったかって？　ええ、もちろん、私たちには何もわからないの。

でも、その子たちは、一人として帰ってこなかったのです。あの時、悲しそうな顔で手を振っていた一〇〇人からのお友だちは、おそらくポーランド東部のヘルムノ収容所へ送られ、処刑用ガス車輛で殺されたものと見られています。強制収容所にガス室ができる前は、みんなガス車に詰め込まれて、殺されたのですよ。

さて、その後です。

私は、施設にやってきたドイツ商人に引き取られました。シラーさんといい、ポツナニに家がありました。お子さんをなくしてしまい、きっと寂しかったんでしょうね。一九四三年八月のことでした。

暮し向きはまあまあで、私は国境近くで親を失った孤児と施設から言いふくめられ、小さかったせいか、わりと可愛がってもらえたと思います。お二人とも、物静かなおっとりとした方でした。

「インゲボルグ・シラー」

戦後、証言台に立つ若き日の自分を指すシュピコバさん

それが、私の名前になりました。

もうその頃になりますと、私も日常的にドイツ語が使えるようになっていました。かわりにチェコ語は忘れ、あの悲しい事件も悪い夢みたいに思えてきました。でも、夢ではありません。祖母も父母も兄も、心のなかに生きているのですから。

## マリエ・シュピコバさんの話（Ⅲ）

やがて、戦局が悪化するのにともない、一家はベルリン郊外へ引っ越しましたが、すぐに敗戦です。

戦後の混乱はひどく、ラジオや新聞がくり返し尋ね人の放送をするようになったのは、しばらくしてからです。行方不明になったままの子の〝里親〟探しも始まりました。

それを耳にしたシラー夫妻が、私をつれてベルリンの事務所に出頭したのは、翌四六年の夏でした。事務所には、リディツェ村から連れ去られた子どもたちの、写真入りの調査書もありました。

そこに、私の顔写真があるのを見たシラー夫妻の、驚(おどろ)きといったらありませんでした。もうナチの断罪(だんざい)が始まっていて、シラーさんは私を拉致(らち)したと疑(うたが)われたらしく、別れの言葉をいうひまさえなく、姿を消してしまいました。

八月にチェコの救援委員会(きゅうえんいいんかい)がやってきて、私は祖国に帰りました。あの日から四年が過ぎて、私は一四歳。父も兄も祖母もいなくなって、残されていたのは母だけ。プラハの病院に寝ていた母を見舞(みま)いましたが、四年もの別離(べつり)のせいか、とっさに母は私を信じられず、一言(ひとこと)ふたことだけであとが続きません。

長いこと胸(むね)にためていた思いを口にしたのでしょうが、私はチェコ語がわからず、母はまた私のドイツ語が通じないのは、ほんとにみじめでした。

しかも、強制収容所帰りの母は重い結核(けっかく)で、伝染(でんせん)するといけないとのことで介護(かいご)もできないでいるうち、三カ月ほどであっけなく息を引き取りました。私は天涯孤独(てんがいこどく)の身になったのです。

それからというもの、叔母(おば)に引き取られて育ちましたが、後で結婚(けっこん)して母になって、私は母の心境がどんなだったかがよくわかりました。ある日突然(とつぜん)に夫や子を奪(うば)われた母性くらい痛(いた)ましいものはない、と。それは、とうてい言葉や文字であらわされるものではありません。

ところで、シラーさんのその後ですが、実は事件から三〇年も過ぎてから、私は消息を求めてポツナニを訪(たず)ね、バルコニーのあった、あのなつかしい家を見つけたのです。扉をたたくと見知らぬ人が顔を出しましたが、シラーさんがどこへ行ったのかは不明でした。私をめぐってナチに加担したと受けとられたのではないかと思うと、いたたまれない気がします。被害者だった私は、恩人だった夫妻に、とんでもない迷惑をかけたのかもしれません。

戦争は、いつまでたっても、私を追いかけてくるのですよ。そう、この世に生きてある限り……。

## メロスラバ・カルボワさんの話（Ⅰ）

当時、わが家は、リディツェ村八三番地にありました。

私は一九歳、一年前に高校を終えて、クラドノの銀行に勤めていました。ええ、まだ独身でした。結婚話もないではなかったけれど、ずっと先のことだと思ってましたね。

家は、父母と祖母と、学生の妹と五人家族です。祖母と母はリディツェ村で生まれて育ち、父は東チェコの出で、腕の立つ料理人でした。年齢ですか？　父は五〇歳、母は四九歳、父はスロバキアで働いていたのですが、一九三九年に故郷へ戻ってきたのです。村に落ち着いた父は、その技術を生かして、料理の講習会を開いたり本を書いたりして、みなに親しまれていました。

さて、あの恐ろしい事件について、お話ししなければなりません。いま思い出しても、なんだか身の毛のよだつような気がします。ハイドリヒが暗殺されてからというもの、その復讐というか報復は大変なもので、朝がくると何かが起きるのではないかと胸騒ぎがし、夜に家族の顔を見ると、ああ今日も無事だったと胸をなでおろす日々でした。

証言者メロスラバ・カルボワさんは娘時代の自分を指し示す

ラジオのニュースは、毎日のように事件の容疑（といっても何もないのに）で、殺された人たちの名前と人数を告げていました。心臓が凍りつくほど怖かったですね。

やがて事もあろうに、私たちの村が彼らの餌食になってしまったわけですが、女性と子どもたちは村の小学校から、クラドノの高校へとたらい回しにされたのです。

一五歳以上の男性は、もう誰ひとりいません。とっくに銃殺されてしまったとは知るよしもなかったけれど、その私たちも、次に大勢の子どもたちと引き離されて、クラドノ駅から汽車に乗せられました。

といいましても、八八歳のおばあさんまで足を引きずりながらですから、ひどい話ですよね。私は母と妹と一緒でしたので、おたがいに何かと心強く、励まし合うことができたのは幸せだったかもしれません。

二日間も汽車に揺られて、小さな駅に着きました。ゲシュタポの制服に身を固めた女性兵士が犬と待ちかまえていて、ぐずぐずしている者には、狂ったような暴力を振るいました。これが同じ女性かと思うほどでした。

駅から少し歩くと、やがてARBEIT MACHT FREI（アルバイト・マハト・フライ、労働は自由への道）の看板が見えてきて、後でわかったことですが、そこがベルリン近郊八〇キロにある女性だけの強制収容所ラーフェンスブリュックでした。

収容所の広場の右側には木造の建物があって、病院のような感じです。窓からのぞいていた女性が、

「どこから来たの？」

と、チェコ語でたずねました。もしかして同胞かと思ったのでしょう。

「私たちの子どもは、どこにいるの？」

と、誰かがすがるように聞きましたが、相手は首を振るばかりです。

「知らない。ここには、子どもはいない」

それからシャワー室へ。みんな衣類を脱がされて、順番を待ちましたが、年頃の娘が大勢の前で全裸にさせられるなんて、いくらなんでもあんまりだと思いました。

頭髪にシラミがいないかどうかも、調べられました。彼らはチフスの発生を恐れていたのでしょう。そして、みんなと同じ服を着せられて、番号で呼ばれることに。いまも忘れやしません。私は一一七八九番でした。

でも、私たちは何故こんな目に遭わなくてはいけないのか。理由がさっぱりわからず、どうしてどうしてと、考えることはそればかりです。やがて、きびしい労働が、その問いかけさえも奪ってしま

い、一日一日を生きのびることだけの生活になっていきましたけどね。

## メロスラバ・カルボワさんの話（Ⅱ）

そうして結局、強制収容所に三年間を過ごしたわけです。特につらかったのは一九四五年の春で、飢えと寒さと病気でみなバタバタと倒れ、またたくまに息を引き取っていきました。私たち三人は、なんとかがんばり通しましたが、ソ連軍が近づいてきたある日、囚人たちは西へ移動することになりました。

死の行進と呼ばれています。

歩けない老人と病人は残りました。私たちはもう骨と皮ばかりで、立っているのもやっとだというのに徒歩で行くわけですから、それは大変です。まるで幽霊の行列ですよ。座り込んだら最後で、すぐにズドンと撃ち殺されました。三日三晩歩いて、もうこれでおしまいかと思った頃、いつのまにやらドイツ兵は姿を消していました。

取り残された私たちですが、言葉のわかる民族同士で集まって、さて、これからどこへ行こうかと話し合いました。

「どこへ行くたって、いまどこにいるのかもわからないよ」

母が、泣きそうな声で言いました。

「それでも、生きているのよ私たち。もう少しがんばれば、きっと戦争は終わるわ」

女の子たちのあどけない遺品

妹は、まだ若さの体力が残っていたんですね。
「そうよ、ドイツ兵がいなくなったんだから、とにかく自由になったのよ」
と、私。自由になったのはいいけれど、生きるか死ぬかという不自由さと紙一重でした。でも、人数を調べるとチェコ人は六三人いて、うち四六人がリディツェ村の顔見知りでした。それが、とっても心強かったですね、いざという時に頼りになるのは、やっぱり心の通じ合った同士です。

私たちのグループは、歩いていくうちに、林の中でチェコの男性たちに会いました。彼らは別の収容所から逃れてきたのです。男性群に守られて林の中に泊り、朝になると、目の前にソ連軍が来ていました。そこで戦争が終わったことを知り、やっとのこと危機を脱出したのです。

迎えのトラックが来て、ドイツからチェコの国境を越えましたが、その時はじめて、村の男性たちの消息を知りました。

村は完全に破壊されて荒野となり、男性たちは、もう誰もこの世にいないというのです。あの朝、私たちが小学校に拉致されている時、一人残らず殺されたのだ、と。それを聞いた時のショックといったら！　でも、三年も前に父が死んでいたなんて、とっさに信じられませんでしたね。あれから、ずっと父の面影を心にあたためていたんですから。

クラドノに着いたのが、六月二日でした。

村までは近いのですが、しばらくは怖くて怖くて、とても戻る勇気がありませんでした。事件から満三年が過ぎた六月一〇日、あの惨劇の記念日に、私たちはトラックでなつかしの村へ帰りました。ほんとに、村は一軒の家さえありません。みんな嘘のように消えています。そして、父も、恋人たちも……。昔と変わらないのは、はるか彼方の樹海と青い空だけです。

大勢の人が集まって、大変な歓迎を受けましたが、父が死んだのを確認しなければならなかったのは、心臓をもぎ取られるようでしたね。

「子どもがいない。あの子は、一体どこへ行ってしまったの？　早くはっきりしたことを調べて！　教えてください！」

と、母親たちは、口ぐちに政府と行政の関係者に泣きながら訴えました。

わが家は、母と妹と私の三人が生き残りましたので、まだよかったのです。周りは、もっともっとつらい思いをした人ばかり。しばらくのあいだ泣き声は絶えず、やっとのこと戻ってきた子どもたちも、大半が孤児になってしまったんですから、いくら戦争中とはいえ残酷な運命でした。

それからの私たちはクラドノに住み、身体をこわした母を助けて、妹と働きました。七年後に結婚

リディツェ村の惨状と現在の村に残されたもの

して、いまは息子と娘のほか、四人の孫がいます。

リディツェ村の惨禍を伝えるのは私たちの義務だと思い、これまであちらこちらの学校などに呼ばれて、涙ながらに語ってきました。でも、もう最後にしたいですね。当時のことを思い出すと感情が波立って、夜も眠れなくなります。……

## リディツェ村の戦跡ゾーン

リディツェ村記念館には、年に約三万五〇〇〇人が訪れるという。そのうちの九割は外国人だそうだ。記念館の維持管理に、年間三〇〇万コルナが必要だという話だった。

日本円に換算すると、一〇〇〇万円ちょっとである。それほどの大金だとは思えないが、まだ政府からの援助は望めないので、小さな村の財政では決して容易ではないのだろう。だから、訪れる人が少ない冬期は、「改修中」にしているのかもしれなかった。

しかし、夏場ともなると、さすがにぽつぽつと人が出入りしている。国境を越えてくるドイツ人が多いようだったが、かれらは声もなく展示を見つめている。

シュピコバさんのお話をうかがったあと、私は記念館を出て、ほっと息をついた。

次に現場をたしかめたいと思い、しびれた足を引きながら、石段を降りてみた。一本の遊歩道が、草原地帯になだらかなカーブを描いている。もうそこが戦跡ゾーンだった。

村の入口に面していたというシュピコバさんの家は、どのあたりだったのだろうかと思いながら、はるか彼方の糸杉に囲まれた十字架を目指して歩いた。

そこが、村の男たち一七三人の墓地だった。焼けた杭を組み合わせただけの十字架で、中心部が有刺鉄線で円くかこってある。墓地のすぐ右側に面して、ひっそりと悲し気にうつむいた女性像の場所は、男たちが一〇人単位で次つぎと銃殺されたところ。元はホラーク家の農園だった。

死者には、安らかに……というのが通例だが、私はそういってはいけないような気がした。安らかに眠れない死者もいる。

男たちの墓地から、また少し南へ下っていった道の端に、赤レンガの基礎のような残骸が目についたが、標示は「死への待ち合い場」としてある。集められた男たちが、処刑までのひとときを過ごしたホラーク家の納屋だ。冬にここまで来た時には、アノラックの襟に首をすくめて、足踏みしたくなるほどの寒気だった。遮蔽物が何もない野原だから、北風はもろに吹きつけてくる。

今度は北風のかわりに、草も木も燃え上がらんばかりのかんかん照りだ。しかし、日陰の場所はない。

寒さ暑さと、よほど縁があるらしい。しかし、暑いくらいがなんだ、死ぬわけではあるまいし……

と、私はそう自分に言いきかせながら、黙々と歩いた。

記念館でもらった案内書によれば、ホラーク家から少し南下したところに、五〇〇年もの歴史を持つサンクト・マルティン教会と、その左に二階建ての小学校があった。一〇五人の児童が在籍していた学校の玄関口には、「わが幸せはこの学び舎にあり」との看板が掲げてあったそうだが、再びこの地を踏むことのできた児童は、男子七名女子一〇名でしかなかった。

二度と帰ることのなかった子どもたちの悲痛なモニュメント群像は、世界各国から贈られた友情と平和のバラ園のそばにあった。

「あ、これだ！」

と、思った。

プラハのアトリエで見た故マリ

リディツェ村の男たちが殺される前に集められた納屋の跡

リディツェ村に建立された子どもたち群像と作者

エ・ウヒチローバさんの作品群である。冬に来た時にはなかったものだ。私はドキドキと、胸をときめかせながら接近した。

大理石の白い台座の上に立つモニュメント群像は、石膏からブロンズ化された一部分で三〇体あまり。台座の右側にみんな肩を寄せ合っている。

残りの分は、左側に並ぶのだろう。その日はいつか。カメラを向けているうち、ふっと目と目が合った。アトリエで、私を凝視したまま、まばたきもしなかった少女である。幼な子の手を引いて、群像の中ほどにいる。忘れもしない、あの目である。

汗がしたたり落ちて、目にしみた。でもと私は思った。この子たちの頬に流れる汗はなく、涙もないのだ……と。

# 5　テレジン収容所に残されたもの

## ボヘミアの野をテレジンへ

第二次世界大戦下に、ナチス・ドイツはヨーロッパ中に各種の収容所網を張りめぐらせたが、チェコスロバキア最大の強制収容所テレジンは、プラハの北方約五〇キロ地点にある。いまも、そのままの姿で公開されている収容所へと向かう。

車窓に流れるボヘミアの地は、どこまで行ってもなだらかな平野だ。いくら走っても広告板一つない。空は限りなく青く、小麦畑はみごとな黄金色である。

この前来た時の一望の雪景色とは逆に、なにもかもがぎらぎらの炎天にさらされている。そのせいか、冬期と同じに人の姿はなく、すれちがう車もまた極端に少なかった。私の頭のどこかに、まだリディツェ村の惨劇が尾を引いている。

この道路を北へ北へと進めば、ほどなくして国境へ出るが、そのすぐ先がドイツの工業都市ドレスデンだった。右へ曲がればポーランドも近い。リディツェ村から国外へ連れ去られた子どもたちは、やはり同じような風景を見ながら運ばれていったのではないのか。などと考えているうち、記念館に展示されていた一通の子どもの手紙が、ふっと脳裏に浮上し、よみがえってくる。

「なつかしいおじさん、おばさん。ヤルシカはいま、ポーランドの街から、この手紙を書きます。おばさん、私の両親のこと、何か聞いていませんか。父のことはこの三週間、母のことはこの一六日間、私、何がどうなったのかぜんぜんわかりません。いま私の持っているものといったら、あの時身につけていたものだけ。ですから、何かすぐ送ってほしいの。お願いです。

第一に欲しいものは、食物と下着。それから、便せんと、ドイツの切手と針と、糸なんかもお願いね。

いつまでここにいるのかわからないので、できるだけ大急ぎで！　ヤルシカ」

プラハにいる親族にあてた少女の手紙だが、前後の事情が闇に閉ざされたままの不安と、泣いても仕方なく、悲しんでもいられない切羽つまった生活状態とが、いじらしく訴えられている。

ヤルシカは、何歳くらいの少女だったのだろう。どこで、どのようにして、この手紙を書くことができたのだろう。そして、どのような運命をたどったのだろうか。……

おそらくこの手紙を最後にして、幼いいのちを終えてしまったのにちがいない少女のことを考えると、同じこのボヘミアで抵抗運動に身を投じて処刑されたヒロインの映画「マルシカの金曜日」が連鎖的に思い出された。ヤルシカと名前もよく似ている。美しく詩的な映像だったが、いささかの救いもない悲しいラストだった。マルシカがリディツェ村の子どもたちのことを知っていたかどうかは不明だが、幼い同胞たちのためにも、不法な侵略者に対して、黙って手をこまねいているわけにはいかなかったのだろう。

そんなだいそれた勇気を必要とした時代から、五〇年余が風のように通り過ぎて、テレジン収容所は古城のような重々しい壁と、その前の空地にびっしりと隙なく並んだ墓石とともに現われた。

短形の同じ墓標は、青草のあいだに点々と配置されていて、それは実におびただしい数である。墓と墓との隙間にバラが植えられていたが、いっせいに咲き乱れたら、真っ赤なバラ園になるだろうと思われる。

城壁が一カ所だけ、アーチ状に開いたところが入口だった。街路樹の影を踏んで歩いていくと、入口の周囲に色どられた白黒のまだら模様が、なんとも異様で薄気味悪い感じで迫ってきた。

## アウシュビッツへの中継収容所

テレジン強制収容所は、もともとは一八世紀の終わりに築かれたボヘミアの要塞で、当時のオーストリア大公マリア・テレジアにちなんで名づけられたという。

しかし、要塞としての機能を果たすことなく、一九世紀には軍の駐屯拠点となり、次に獄舎となった。やがて占領軍としてやってきたナチス・ドイツは、あまりにも多くの抵抗者たちを逮捕したため、プラハの刑務所だけでは足りず、第二次世界大戦の火ぶたが切られるとすぐに、テレジン要塞を強制収容所に作り変えたのだった。周囲に深い濠が張りめぐらされているのが、逃亡者を防ぎ、一

冬のテレジン強制収容所正面入口

般から隔離するのにも好都合だったのだろう。

　同時に、周辺地区の住民を立ち退かせて、にわか造りの収容棟を無数に建て、町全体をゲットー（特定の居住地）にした。

　テレジン・シュタットに送り込まれてくる人びとは、ボヘミア、モラビアをはじめとする各国のユダヤ人が主力だったが、ほかに抵抗運動に参加した者や、それを支持し協力した者、あるいはナチの占領政策にとって面白からぬ者まで含まれ、その数はたちまちにして一〇万人以上にも膨張した。もともとは人口五〇〇〇人ほどの小さな町に、これだけの人員が詰め込まれたらどうなるかは、察するに余りある。

　極限状況に追いやられた人びとは、骨のようにやせさらばえて、次つぎと死んだ。しかし、さらに送り込まれてくる人員は、死者数をはるかに上まわった。そのためにテレジン収容所は、また新たな役割を果たすことになる。

いまは博物館になっている入口のキップ売場でもらったパンフレットによれば、一九四二年以降、次の三つの目的があったという。一つは死の収容所へのチェックポイント（中継収容所）としてであり、二つめは特に政治犯を処刑する虐殺の場＝囚人たちの五人に一人は殺された、三つめは国際赤十字などに対する偽装施設としてで、対外的にいかにもユダヤ人自治地区らしく見せたことだった。

しかし、特に主要な目的は以上の一で、過剰になった囚人たちを「選別」しては、強制労働に耐えられそうもない者から、ぞくぞくと鉄道貨車で東へ移送した。

東とは、ポーランド国境に近いオシフィエンチムである。

ドイツ名でアウシュビッツで知られる絶滅強制収容所は、ナチが全ヨーロッパに張りめぐらせた収容所群のなかでも、特に最大規模を誇るガス室付きの大殺人センターだった。

一九四二〜四五年までの三年間に、ボヘミア、モラビア、スロバキア、ドイツ、オーストリア、オランダ、デンマーク、ハンガリーなどからテレジンに送られてきた人びとは約一四万人にもなる。さらに戦争末期に一万三〇〇〇人からの人びとがポーランド、ドイツの収容所から回されてきたが、その大部分は飢えや病いで弱りはてていて、ほとんどが到着したとたんに絶命した。この頃にはチフスが蔓延し、それで犠牲になった人びとも数知れない。生きて戦後を見届けた者は、ほんの一部でしかなかった。

## 残された子どもたちの絵

しかし、テレジン収容所は、ナチによる残虐行為以外に、忘れてならないもう一つの特徴がある。

「みずから犠牲となりながらも、死の旅におもむく人びとを最後まで励まし、守ろうとした勇気ある人びとがいた……」

と、パンフレットにも特筆されている。

当時のチェコの文化性の高さは知られているが、ここに連れてこられた人びとのなかには、文学・演劇・美術・音楽のさまざまなジャンルでの専門家と、教師たちが含まれていた。本質的に自由を愛する彼らは、ナチの全体主義になびかなかったために、ことさら目の敵にされたのだろうと思う。

芸術家や教師たちは、自分もまた囚人の身でありながら持てる力を発揮して、明日の身もわからぬ人びとに、生きることの希望や勇気を伝えてきたのだった。それは収容所内の、子どもの教育にまで及んだのである。

四年ほど前に、日本の各地で「テレジン収容所の幼い画家たち」展が、作家の野村路子さんら草の根の女性たちの力で開かれて反響を呼んだ。テレジン収容所に残された子どもの絵画約一五〇点が、展覧会という形式ではじめて多くの人の目にふれたわけだが、私は収容所内の子どもたちが、なぜこれほど多量の絵を描けたのかが不思議でならなかった。アウシュビッツや、ナチ収容所のほとんどを調べて歩いた私には、囚われの身となった子どもたちに、そんなゆとりがあるとは信じられなかったのである。

しかし、ここテレジンだけは、他の収容所と異なる面があった。

まず子どもの絶対数が多かったことである。家族連れできたせいもあったが、一五歳以下の子が一万五〇〇〇人も収容されていた。そのうち一〇歳以下は親と一緒だったが、一五歳までの子どもは、男女別の収容棟に分けられ、一日中強制労働につかなければならなかった。

女子が主として畑作業だったのに対し、男子はゲットーのバラック造りなどの資材運びが多かったという。食物はカスカスで朝から晩までの重労働にあけくれ、やっと戻ってくる収容棟は壁に沿って並んだ木の三段ベッドと、細長い机とベンチにトイレだけ。芸術家や教師たちは、そこで歌を教えたり絵や詩を書かせたり、朗読や芝居や、人形作りなどなど、子どもたちの心に一点の灯をともし続けたのである。

もちろん非合法の授業だったが、監視のドイツ兵たちは、見て見ぬふりをした例もあった。それのほうが管理上得策だったし、また模範的収容所として宣伝し、PR映画まで作った手前、ある程度の体面をととのえておく必要があった。

しかし、戦争も末期となると、もうそれどころではなくなった。「選別」は日常的になり、体力の落ちた子や、病気がちの子から先にアウシュビッツへと移送した。もちろん大人たちも一緒で、子どもたちを愛した先生たちも例外ではない。

解放まで生き残った子どもたちの数はまちまちだが、二十数人から九四人、一〇一人という資料もある。いずれにせよ一万五〇〇〇人もいた子どものほとんどが、鉄道貨車に詰め込まれて死地へ旅立っていったのである。彼らが消えたあとには、隠れ家でアンネ・フランクが書き残した日記と同様に、数十編の詩と、四〇〇〇枚もの絵画が残されたのだった。

## アルバイト・マハト・フライ

強制収容所跡を見るには、たとえ汗だくになってでも、ぎらぎらの陽射しの夏がいいと私は思う。それは逆にいえば、冬に来るところではないということだ。どんよりとした灰色の雲の垂れ込めるなか、凍結した雪をギシギシと踏みしめて歩いたあの不快な感触が、まだ靴底に残っている。有刺鉄線つきの高塀と、監視塔の下の道を身をすくめながら行くと、さながら囚人になったかのような気がしたものだった。

今度はあきらかにちがうと思いたかったが、入口から広場に入ったとたん、点在するいくつかのブロンズ像を見ただけで、やはり胸につかえるものがあった。

囚人たちの実態を形象化した人物像が、枯木のように直立し、折れそうな両手を胸に当てていたり、広げていたりする。何体もある。その一つに顔面を布で被われ、後手にしばられて座り込むのは、胸のふくらみから女性と見られたが、処刑の前か拷問の後か。ああ、ここは何度も来るところではないな、と思い知らされる。

広場から左に折れて、赤茶けた建物のあいだを進むと、突き当たりの壁の一カ所がくり抜かれてい

テレジン強制収容所のアーチ「働けば自由になる」とはあるが……

て、その上にあの文字が目についた。

ARBEIT MACHT FREI

ナチ強制収容所に共通して掲げられた皮肉な標語である。絵を残した子どもたちもまた、朝晩この下をくぐって、ゲットーへ労働に駆り立てられたのだろうかと思う。労働によって自由が得られるどころか、極限へと追われていったわけだが、標語の先はいくつもの収容棟が隙なく並んでいた。

定員が六〇人なのに、その倍以上も詰め込んだという雑居房に、死刑囚のための独房もある。その独房も処刑が間近に迫った囚人用には、窓がなかった。昼も夜も、完全な暗闇の小空間である。その一つにオーストリア皇太子を暗殺したガブリロ・プリンツィプがいたという標示があった。これはかなり古い話だ。一九一四年六月のことだったが、サラエボで何発かの銃声が第一次世界大戦の契機となったのは、私も知っている。

プリンツィプは未成年者だったので、銃殺をまぬがれてここに閉じこめられたが、処刑を待たずに病死した。

いくつかのブロックを見ていくうちに、広い洗面所つきの見ちがえるような大部屋があった。並んだ蛇口の上には、大鏡まではめこまれてある。

国際赤十字視察団が訪れた際の、特別な収容棟だという。つまり、やらせのブロックだった。囚人たちが特別室を使用したのはたった一日だけで、洗面所に蛇口はあっても、水も湯も出なかった。そして、視察日の前日に二万三〇〇〇人もの老人たちが、目ざわりな厄介者としてアウシュビッツへ移送されたのだった。国際赤十字団はまんまと裏をかかれたわけだが、よほどお人好しだったか、それともナチと闇取引をやったのか。

案内人に続いて、トンネルをくぐり、収容所のもっとも奥まった場所へと進む。特に政治犯のために作られた重要施設は、城壁の外になっているのだが、もちろん周囲は有刺鉄線付の高塀が張りめぐらされ、各所に監視塔が屹立していて、やけにものものしい空気だった。

### ㉗は銃殺の壁だった

ここにも広場があって、左右に雑居房、独房などがトーチカのように配置されていた。

低い屋根と、窓の少ないコンクリートの建物で、冬はやたらと寒く、夏はまた熱がこもっていたたまれず、しかも木製のベッドは壁に沿って四段だ。今まで見てきたのよりも一段多くて、一室に六〇〇〜七〇〇人もの囚人が身動きもできずに、床にも肩を並べて寝たという。

処罰のための独房は一九〇カ所。一人ずつが収容されるのかと思ったら、そうではなく、一室に一八人もが押し込められていた。

念のため、重い木の扉を開けて入ってみる。まさにビジネスホテル並みだった。左側に木のベッドと便器一つ。こんな小空間に、どうやって一八人もと呆れ驚く。

「収容者は三〇分置きに交代して、ベッドに横になりました。だから、一日のうちに一人が横になれるのは、合計してもせいぜい二時間ちょっと。あとは昼も夜もひしめき合っての立ちずくめですよ。あなただったら、どのくらい耐えられますか？」

と問いかけられても、さあと首を傾げるよりほかにない。

まるでアスパラの缶詰と同じだ。それが来る日も来る日も続く。直接暴力は加えられなくても、すごい拷問である。

いや、その独房ラッシュにも終わりがないわけではなかった。最後に案内されたのが、広場の突端の三角地点で、一段高いところ。㉗の番号が標示されている。白壁の中央部が無数の弾痕ではがれ落ち、赤レンガが露出している。ブスブスと穴だらけにされたレンガは、白壁のなかに地肌がむき出していて、まるで血塊のようにも見える。

処刑場だった。

ここまできて、囚人たちは銃声一発、やっと自由になれるということか。私はやりきれぬ思いで、しばらくのあいだ、銃殺の壁の前に立ちつくしていた。

「死の壁」㉗の番号下が処刑場跡

さて収容所内で、子どもが描き残していったという絵画だが、テレジン市内にあるゲットー博物館と、プラハに戻ってユダヤ人地区の小さな博物館で、そのオリジナルを見ることができた。

プラハ市内のほうは、ホテル・コンチネンタルから歩いて五分ばかりの近距離だったので、自由時間に何度か足を延ばしてみたが、いつ行ってみても大勢の観光客で溢れている。ユダヤ教会のことをシナゴーグというが、その独特のノコギリの歯のように切れ込みを入れた屋根が見えるあたりから、ユダヤ人街の狭い道は人と人でごった返している。

なるほど、その独特の風情は、ユダヤ人が住みついた一〇〇〇年もの昔を偲ばせて、いまではプラハの名所の一つなのだ。

旧ユダヤ人墓地をはさんで、クラウスシナゴーグ、ピンカスシナゴーグなど、いくつかのユダヤ博物館がある。一枚のチケットで、そのすべてを何回でも見ることができるのが便利である。

ピンカスシナゴーグには、ユダヤ教関係の資料や宝物などが展示されている。見物人の流れについて地下へ降りると、円型の壁一面に名前と年月日が刻まれていた。アウシュビッツなど、ナチ強制収容所で犠牲になったチェコ在住のユダヤ人と、その死亡年月日だった。とうてい見切れるものではないほどの量である。その数七万七二九二人！

犠牲者数もさることながら、よく名前から死亡年月日まで調べあげたものと、私はそっちのほうに驚き感心する。過去を水に流すのが得意な日本人とちがって、草の根を分けてもナチ残党を追跡する執念を思い知らされたかのようで、溜息が出る。

地下室を出て、旧ユダヤ人墓地へ。墓地のあいだを縫っていく一本道は一人しか通れず、行く人来る人で長蛇の列だ。死者の職業まで象徴的に刻まれたそれぞれの墓石は、個性的で興味深かったが、ほうほうの体で引き揚げて、墓地の出入口のすぐ横にあるネオロマネスクふうの建物へ向かう。

### 少女はまばたきもせずに

ここが、私のねらいをつけていたところ、テレジン収容所で子どもたちの残した、絵画館である。三階建てのミニ博物館は、ダビデの星の刻印をつけた入口からして、またまたの行列だった。やっとのこと展示室に入っても、人を掻き分けて前へ出ないことには、よく見えないのが残念である。子どもたちの遺作ともいうべき絵画は、今こんなにも多くの人に見られるとは予期してなかったにちがいない。どれもこれもひっそりとした感じで、つつましくも痛々しかった。大きな画用紙に、堂々と色鮮やかに描かれた作品がないせいだろう。

ドイツ兵の目を盗んで、こっそり描かれたのだから無理もないが、それはノートを破った一枚だったり、ポスターや計算用紙の切れはしだったりで、鉛筆描きもあれば貼り絵もある。彩色は、せいぜいクレヨンか色鉛筆どまりだった。

ほとんどの作品に、作者名と年月日があるのは、先生が意識的に指導したのか。そして説明に、アウシュビッツへ移送された年月日が添えられている。一同が死の収容所に移送されたのは一九四三年からで、もっとも多いのは四四年春から秋にかけてだった。

描かれたテーマはいろいろである。失われた過去の生活はよほど鮮烈だったらしく、両親や兄姉、妹弟たちとの生活や、友だちとの遊びに、ペットの犬や猫まで出てくる。小鳥や蝶々は、羽根があるから、どこへでも自由に飛んでいける。食事風景もあれば、お菓子の種類なんかも豊富だった。それはもはや思い出のなかにしかなく、絵の世界でしかない。

現実にあるのは、もっぱら過酷な収容所生活で、その一コマずつがリアルにとらえられている。太陽の下で絞首台に吊された囚人の姿まであるのに、ぞっとする。

私は人混みに押されながら、その一枚ずつを見ていった。雑踏のなかで、それもごく短時間では、絵にこめられた一人ひとりの心中を汲みとることはむずかしかった。いや、たとえどんなに時間をかけて、じっくり見ることができたにしても、それはやはり不可能だっただろう。リディツェ村の子ど

残された子どもたちの絵

もたちのモニュメントと同様に、一人ひとりの声なき声が、あまりにも多くのことを訴えているように思えてならない。

すぐ横で、ささやくようなドイツ語が耳に入った。何気なく見ると、小学生くらいの金髪の女の子を連れた若い夫婦だった。一枚の絵の前で、母親が腰を低くかがめるようにして、説明している。それを聞く女の子は、まばたきもせずに作品を見つめながら、かすかにうなずいた。父親は黙って立ちつくしたまま。

私は、若い夫婦の心中を思い、いたたまれなくなった。絵を残していった幼い生命を奪ったのは、ほかならぬ同胞たちであり、彼らの祖父たちだった。それを確認しなければならないのは、どんなにつらいことか。しかし、そのつらさに耐えて、若い夫婦は自分たちドイツ民族による加害の歴史を子に伝えようとしている。リディツェ記念館でも、訪れる外国人の大半がドイツ人と聞いたが、戦争責任を追及するひたむきな姿勢に心うたれる。

では、私の場合はどうか。そのナチス・ドイツと軍事同盟を結び、侵略の牙をアジア諸国に向けていったのは日本である。私たちも、決して無関係とはいえないのだと思う。

人波に続いてさらに進むと、幼い作品群にはさまれて、一人の女性の顔写真が目についた。フリードル・ディッカー・ブランディズ、画家、四四歳と説明されている。大きな黒目の知的な表情に、口もとのあたり微笑がただよう。収容所内で子どもたちに絵を教えた先生だ。といっても、もちろん囚人の一人である。彼女は絶望的な日々の子どもたちを助けようと、あらかじめ多量の画材を持てるだけ持ってやってきたのだった。

そして、子どもたちと運命を共にした。一九四四年一〇月六日、三〇人の子らとともに、アウシュビッツへ。——

フリードル先生は、さぞかし子どもたちの希望の星だったことだろう。子どもたちが消えたとき、星も消えた。ご苦労さまでした……と、私は心の中でつぶやきながら黙礼した。

# 6　ひとりぽっちの地下記念館

## クラシック音楽の館へ

プラハに何日か過ごすうち、通訳のYさんを通じて、かたことのチェコ語が少し口から出るようになった。

「ドブリー　デン」（こんにちは）
「ヤク　セ　マーテ？」（お元気ですか？）
「ヤー　イセム　ヤポネツ」（私は日本人です）
「ジェクイ」（ありがとう）

などなどで、それ以上は残念ながら混乱の元である。

しかし、日常語よりも先に覚えたのは、レストランでの必要欠くべからざる飲物と料理名だった。まずはビール。チェコ人は世界中でもっとも多量のビールを飲むそうだが、そのせいか銘柄は実に豊富で迷ってしまう。いろいろやってみたが、バドワイザーの元祖と称されるブドバルというのがうまかった。ホップの効いた黒ビールも悪くはない。
次いでチェコ料理だが、なんといっても代表的なのは、果物つきクネドリーキだろう。厚みのある牛肉のほかに、クリーム色の蒸しパンが添えられている。食べやすく一センチほどの厚さに切ってあるが、一皿でもたっぷりとした量で、しかも非常に安い。

飲んで食べたあとは、クラシック音楽といきたいところだが、ちょっと街角に出れば、辻芸人のギターやバイオリン演奏など、路上の至るところで見られる。正装して弦楽四重奏の「リリーマルレン」や「チムチムチェリー」を聞かせてくれる老人楽団もあって、サービス満点だ。気に入った者だけが、いくらかのコルナを帽子に投げ入れればいい。

同じホテルにいるので、自由時間が好きに使える。音楽好きのカミさんについて、スメタナ、ドボルザーク、モーツァルトなど、大作曲家ゆかりの場所を訪ねてみた。

スメタナ博物館は、その昔宮殿だったところを改造し、建物の一部がコンサート・ホールになっているとのことだったが、あいにくと改修中だった。仕方なくドボルザーク博物館へ。ここもまたはるか昔、さる貴族の別荘だったところで、二階建てのバロック様式だが、どことなくフランス風である。

入口に、キップを売るおばさんが一人、ぽつんと椅子に座っている。ドボルザークの胸像前からすぐ展示室になっているが、小規模で博物館というより記念室めいたつつましさだった。しかし、庭と二階がコンサート・スペースになっていて、落ち着いた感じで「新世界」や「スラブ舞曲」を楽しめる。

次いで、天才モーツァルトが、オペラ「ドン・ジョバンニ」を完成させたベルトラムカ荘へ行く。二階建てで白亜の上品な館だが、ここもまたあるビール醸造家の別荘として造られたもの。先のドボルザークと同様に、自分の住居ではない。作曲家は溢れんばかりの才能とうらはらに貧しく、大金持ちの世話になるより仕方なかったのだろう。

ベルトラムカ荘に最後にきたモーツァルトが、アリア一曲を完成させたのは一七九一年のことだったが、その五カ月後にこの世を去った。三五歳だった。

そうか、ざっと二〇〇年前だったのかと思いながら、天才作曲家が愛用したピアノや、想をめぐらした机、遺品のかずかずを見て歩く。ガラスケースの中に、色あせた頭髪も残されている。ここでも彼の作品が静かに流れていて、なんともいえないぜいたくな気分になった。

戦禍を追う旅に、こんなひとときがあればこそ、また新たなファイトが湧いてくる。

## 聖キリルと聖メトデゥース教会

旅の締めくくりは、プラハ市内の新市街地にある聖キリルと聖メトデゥース教会の取材である。ナチ占領下で圧政者ハイドリヒを葬り去った若者たちの、最後の場所だった。

ここに足を向けるには、いささか覚悟が必要で、ついつい後回しにせざるを得なかったのである。

私が、この教会名を知ったのは、実はハイドリヒ関係の多くの資料のなかからだったが、プラハ市内の……と記されているだけで、市内のどこかがわからない。ガイドブックではないので仕方ないのだが、そのうちまた別な資料で、問題の教会がカレル広場近くと出ているのに、赤線を引いた。

カレル大学ならわかるが、カレル広場とはどこか。プラハ市内の地図を広げて、しげしげと見ていくうち、

「あった！」

と、思わず声が出た。

なんと、それはドボルザーク博物館に近く、新市庁舎の南に面している。教会はその広場から、ちょっとブルタバ川に向かう通り付近らしい。

とにかく行ってみよう、とガイドのYさんの道案内で車を飛ばした。去年の暮のことである。プラハはそう大きな町ではないのに、Yさんも初めてだというのだから、恐れ入る。今となっては、遠い日の戦争の一コマでしかないのだろう。「プラハの春」をキャタピラで圧しつぶしたソ連軍戦車の重苦しい記憶が、ナチ占領時代をさらに遠ざけたのかもしれなかった。

手もとの資料で、事件当日教会を包囲するドイツ兵たちの写真を照合しつつ、私は付近の建物を調べて歩いた。目的の教会はすぐにわかった。通りに面した外壁に、それらしいモニュメントが目についたからである。

生々しい弾痕の残る外壁の一隅に、細長く小さな明かり窓があった。週刊誌を横にして、二冊分くらいの大きさである。窓の上部に、ヘルメットをかぶりパラシュート紐を胸に結んだ落下傘兵士と、十字架を下げた牧師像とを左右に配置して、銅板の碑文がある。犠牲者名が刻まれてあった。

明かり窓の下は、ごくわずかのテラスになっている。花が添えられ、七人の勇者の顔写真が置かれていた。

といっても、雨ざらしの場所である。献花がまだいきいきしているのを見れば、誰かが毎日取り替えているのだろう。顔写真も一枚の印画紙に焼き付けられているのだが、そう古びてはいない。つまり通りすがりの人に、この若者たちを忘れてはいけないよ、と心配りをしているどなたかがいるということである。でも、それ以上のことは何もわからない。

聖キリルと聖メトデゥース教会。ナチの銃撃戦あとに殉難者のレリーフが飾られている

とにかく、自力でこの場所を探し当てたのだ。抵抗の象徴だけでも撮ればいい、と私は弾痕の壁にカメラを向けた。すると、そのとき教会の通用口から、一人の男が現われた。

「やあ、やあ……」

といった感じで何やら親しげに話しかけてきた。

一見したところ五十年配で、額のあたりははげ上がっているものの、がっちりとした体形だ。赤茶けたセーターのラフな服装にもかかわらず、どことなしに風格がある。Yさんの通訳によれば、よかったら説明をするから室内へこないか、ということだった。

客引きではないが、どうして私のことがわかったのだろう。まさか明かり窓から外部を見ていたわけではないだろうが、なんとも半信半疑だった。

しかし、その人、ウラジミール・ヴェトヴィッキーさんとの偶然の出会いは、私の心に重く深く残って、この教会をぜひ再訪したいという強い衝動にかられたのだった。

## ハイドリヒ暗殺の現場

今回は、教会を訪ねる前に、ハイドリヒ暗殺地点を確認することにした。それほど遠くはない。渋滞がなければ、プラハ市内から車で二〇分ばかりのところだ。

ナチ占領軍司令官ハイドリヒは、当時、郊外の大きな農園つきの館を住居にしていた。ユダヤ人素封家の豪邸を接収したのだが、乗馬を親しむ都合上から特に選んだところだった。

一九四二年五月二七日朝、ハイドリヒは執務するフラッチャニー城の総督府とは逆に、ベルリンのヒトラーのもとへ飛ぶべく、専用機の待機している空港へと向かった。愛車はベンツのオープンカーだった。出発がやや遅れたために、いつもの護衛車をつけなかったのがミスだった。

ベンツが、プラハ北西の旧アルマーディ通りから、ホレソーヴィス通りへの曲り角にさしかかった時、待ち伏せていた二人の決死隊員ヨセフ・ガブチークとヤン・クビシュの襲撃を受けたことは、先に書いた。あいにくとガブチークの銃は故障して役に立たなかったが、クビシュの手榴弾がベン

プラハの北西、ハイドリヒ襲撃現場の曲り角に立つ作者

ツを仕止めた。その傷がもとで、八日後にハイドリヒは死亡したわけだったが、私がほどなくして着いたその地点は、郊外のどこにでもありそうなヘアピン・カーブでしかなかった。

Yさんの説明によると、戦後にできた幹線道路によって、当時の牧歌的な雰囲気はなくなったという。それでも大通りに流れ込む一本道は急カーブを描いている。問題の地点である。

暗殺作戦の指揮を執ったアドルフ・オパールカ少尉が手鏡でハイドリヒ接近の信号を送り、固唾を呑んで見守っていたはずの小高い丘には、当時のままの区役所庁舎が古城のように屹立していた。時おりカーブ地点で車体をきしませながら、二輛連結のバスが走り抜けるほか、あたりはひっそりとしている。

ここで、歴史的な事件が起きたという標示くらいあってもよさそうなものだが、人気のないバス停がぽつんと目につくだけだった。

あの時、クビシュの投げた手榴弾によってベンツは大破し、腹部をやられたハイドリヒは、拳銃を手にしてよろめき出たものの、数歩で倒れたという。

ベンツの運転手だった部下のクラインは、拳銃を乱射しながら、二人の狙撃犯を追跡した。ガブチークは必死に走りながら、予備銃で応戦し、追っ手を打ち倒した。手榴弾の爆発で自分も怪我をしたクビシュは、顔中血まみれになりながら、その血をぬぐいぬぐい自転車に飛び乗って町なかへ逃走した。


それから二人は、息をあえがせながら、彼らのアジトへ転がり込んだことだろう。

暗殺現場を見たせいか、私はいつになく興奮し、緊迫したその情景がまるでモノクロ映画の一シーンのように、脳裏を駆けめぐるのをおさえようがなかった。想像力をたくましくしながら、少し彼らのその後を追ってみるとしよう。


事件発生と同時に、戒厳令が発動された。プラハに通じるありとあらゆる道路は、封鎖された。退路をすべて遮断した上での、ゲシュタポによる徹底した「鼠狩り」ローラー作戦が開始された。

地下にひそむ抵抗者たちを、袋の鼠にしようというわけである。そのために全ヨーロッパから、きたえぬかれたＳＳ援軍が、どっとばかりにプラハに急行した。

## 銃撃戦三時間の末に

ハイドリヒ暗殺の地下抵抗グループは、プラハ市内のアジトを転々と移り替えたあと、市内旧広場レスル通りにある聖キリルと聖メトデゥース教会に身をひそめていた。

オパールカ少尉をリーダーとする一同は、主犯のガブチーク、クビシュのほかに、予備隊員のバルチィーク、シュバルツ、ビューブリーク、フルビーなど七人だった。

彼らは、チェコの地下組織の連絡によって、いずれまもなく教会を引き払い、モラビア山中に脱出できるはずだった。ロンドンとの無線連絡はまだつながっていて、山中まで行きさえすればイギリス軍が迎えにきてくれる計画だったのだ。問題は教会を出たあと、どのように非常線を突破するかだが、採用された名案があった。教会はゲシュタポによる犠牲者の合同葬をとりしきっていたので、その棺のなかに七人をひそませて、こっそりと運び出す方法だった。

その合同葬は、六月一九日と決められていた。しかし、なんと一日ちがいで、危機が先にきてしまった。

密告者が出たのである。教会ではなく母親のところに身をひそめていた仲間の一人、カレル・チェルダだった。チェルダはドイツ側の執拗な捜査と、リディツェ村大虐殺など狂気のような報復処置に耐えられなくなり、もし自分が逮捕されれば家族も処刑と布告されていたから、母親も巻き添えになるのを恐れたのである。彼はドイツ側に寝返って、同志たちのアジトを通報してしまった。

こうして、六月一八日早朝、聖キリルと聖メトデゥース教会は、約三六〇人のＳＳ精鋭大隊とゲシュタポを含め、一〇〇〇人からの武装部隊に包囲されたのだった。

周辺の道路はみな封鎖され、教会前の学校屋上と隣接する建物に重機関銃が据えられて、まず教会の二人の牧師、ペトチェックとチクルが逮捕された。ドイツ側は攻撃の前に、「降伏せよ」と呼びかけたが、それに応じる声はなかった。

午前四時過ぎ、攻撃指令が出された。

自動小銃を手に手にかまえたＳＳ隊員が、聖堂に突入した。

教会内のその朝の見張り役は、天井近い聖歌隊席にいたオパールカ、クビシュ、シュバルツの三人だったが、先陣を切った敵の一人をオパールカ少尉が撃ち倒したのを発端に、銃撃戦が開始された。

重機関銃の援護射撃のもと、連続波状的に聖堂に突入するＳＳ隊と抵抗者たちの激戦は、三時間も続いて終わった。一発ずつの弾を残した三人は、傷だらけの身となって、それぞれの命を絶ったのである。

三人の血まみれ死体が外に引きずり出された時、ドイツ側は、やっと大捕りものが終わったと思ったことだろう。

しかし、ゲシュタポの一人が、聖堂壁にかかっていた男物の上衣に注目した。陽気が夏めいてきたので、ちょっとそこに掛けたという感じである。これで、まだ四人がどこかにひそんでいるとわかってしまった。

教会内を探索したドイツ側は、地下室があるのに気づいた。残されたメンバーを一人でも生け捕りにすべく、それからあの手この手の地下攻撃が開始されたのだった。

地下室には、外部に向けて、明かりとりの小窓がある。人の出入りはできないが、そこから催涙ガ

ナチ占領下の軍司令官ラインハルト・ハイドリヒ

ス弾を投げ込んだ。が、すぐに投げ返されてしまった。おかげで、あたり一帯がガスだらけになり、SS部隊は激しくせきこんだ。

次は水攻めで、消防隊を出動させ、明かり窓からホースを突っ込んで放水した。これも何度かホースを切られて、路上へ放り出された。一方、聖堂内の床面を調べ回ったゲシュタポは、ついに地下へ通じる入口を発見した。そこは厚い石蓋がしてあって、人力で動かすことは不可能だった。SS隊は爆薬をしかけて、突破口を開いた。

今度は、地下室の狭い階段で、銃撃戦となった。階段の下で、やってくる敵を狙い撃ちする側は有利で、何人かを撃ち倒した。が、その隙をねらって小窓から何本ものホースが束で突っ込まれ、最大限の放水をした。

水は、次第に水位を上げていった。激しい銃撃戦の末、残された四人は、先に倒れた同志たちと同じ運命をたどった。

水位はついに首筋まできて、遺体を収納するコンクリート棚にまでよじ登った勇者たちは、最後の銃声とともに息絶えたのである。

## その人はボランティアで

プラハの新市街は、新興住宅街なのかと思ったがそうではなく、旧市街よりかはやや新しいという意味でしかなかった。

中心部にあるバーツラフ広場は名所だが、どっちを見ても五〇〇年もの歴史を止める建物ばかりだ。カレル広場を目標にして車を走らせたが、一度来たところなので、レスル通りの教会はすぐにわかった。

もともとは聖カレル・ボロメオに捧げられたバロック様式の教会で、一九三〇年代にキリルとメトデゥースの聖人兄弟を祝して再開された、と資料に出ている。

しかし、年末に来た時とちがって、入口付近が修理中だった。事前に連絡がつかなかったので、さては閉館中かと危ぶんだ。でも、扉は開く。木の板など打ちつけた狭い通路から聖堂に入ると、荘厳な雰囲気をたたえた中央祭壇が目についた。天井ははるかに高く、周囲がぐるりと聖歌隊席になっている。

ああ、あすこにオパールカ少尉などの三人が銃をかまえ、入口から突入するSS部隊と撃ち合ったのだなと思いながら、改めて見回しているうち、忘れもしないあの人が、大またに現われた。ウラジミール・ヴェトヴィッキーさんである。

その日の惨劇を説明するヴェトヴィッキーさん

チェコ語でなにか言い、微笑しながら大きな右手を差しのべてきたが、

「やあ、また、お会いしましたね」

と、いうことらしい。Yさんの通訳でわかった。

「ええ、あのあと、ぜひもう一度来て、いろいろうかがいたいと思いましてね。この教会の地下室は、ずっと心に残りました」

「何度でも来てください。ただし、私がここで説明してご案内できるのは、夏休みと冬休みだけでしてね。あなたはよく、私のいる時をねらってやってくる。何かテレパシーがあるのかもしれませんな。虫の知らせかな」

ハッハハハハ……と、厚みのある肩を揺すって笑った。

「え？ それは、どういうことですか」

「高校の教師ですよ、私は。機械工学の……。教会の者ではありません」

「え？ そうなんですか」

私は、呆気にとられた。暮の北風のなか、外に立っていた私をわざわざ招き入れて地下室を案内し、親切に説明してくれた人は、教会のどういう立場の方なのかを聞き忘れたのが悔やまれた。が、まさか教会外の人だったとは、意外だった。

「すると、ここは毎日開いているわけではないんですか？」

「そう。夏休みのほか、月曜日と土曜日だけ来ています。日曜日はミサがあります」

「あのぅ……それは、ボランティアで？」

「まあ、そんなところですかな」

と、いう。そういえば、教会には受付らしいものはなく、この前も入場料はとらなかった。いくらか寄付してきたが、何冊かの資料も非常に安い値段だった。なにもかも氏が一人でこなしたが、訪れる客は少なく、私のいるあいだに一、二人来たくらいのもの。なんとも不思議な人だと思ったが、高校教師と知ってすぐに次の疑問が生じた。

「なぜですか。教師でありながら、なぜここでガイド役を？」

「教会には、人がいないからです」

人はいても、解説できる人がいない、ということか。ややつきつめた私の質問に、氏は少したじろいだふうで、まあまあ……と口ごもりながら、椅子をすすめてくれた。そして、おもむろに言葉を続けた。

## 抵抗者たちの評価

「七人をかくまったのは、ペトチェック牧師です。私は牧師から、最後の洗礼を受けたのですよ、ここで。五月五日の日曜日でした」

「その時、おいくつで？」

「生まれて、まだ一カ月たらずです。一九四二年四月の生まれですから。そして、私の息子の洗礼は、現在の牧師さんです」

「すると、親子二代にわたって、この教会とのご縁があるわけですか」

ヴェトヴィッキーさんは、大きくうなずいた。チェコ語のアノとは、イエスと同意語である。なるほど、この人はそういう切っても切れない関係にあるのか、と私は納得した。ペトチェック牧師は、まだ赤ん坊だったこの人に、最後の志を託したとも受けとれる。

「七人をかくまって、もしもの時どうなるかは、覚悟の上だったんでしょうか。牧師は勇気のある方でしたね。あるいはレジスタンスの一員だったのでは？」

「いや、支持者でした。しかし、追われている七人の友として、信念を貫いたのです。ほかに三人の牧師と、教会に勤務する者ならびにその家族たちが処刑されました」

「すごい犠牲ですね。文字通り生命を懸けて、信念を守ったのでしょうが、いま、改めてどう思われますか」

「感想ですか？　むずかしいな、一言でいうのは……。なにしろ普通の時代ではなかったですからね」

「牧師のしたことを、尊敬なさっている？」

「それはもちろんです」

「だから、この地下記念館を、ひとりぽっちで守っているんですね」

「ええ、まあ……」

と、大いにはにかんで苦笑し、「しかし、いっぺんに大勢が来ると、説明と案内と一人二役で、これはちょっと忙しい」

「一日に、何人くらい来るんですか」

「平均して、六〇人くらいかな」

「六〇人？　もっと多くてもいいですね。どんなふうにアピールしてますか。大体ここでの七人の抵抗は、お国の学校教育で教えられているんでしょうか」

「ええ。しかし、若い人の関心はいまひとつですよ。ずいぶん昔のことですから。訪れるのはほとんど外国からだが、しかし日本人は非常に珍しい」

「それは、どうもどうもです。ところで、いつ頃から始めたんですか、このお仕事を」

「四年前からです。ビロード革命前の私は、エンジニアでした。教師になって、時間のやりくりができたのです」

「じゃ、その前の東欧時代に、ここはどうなってたんでしょうね。地下室は公開してたんですか」

「せいぜい入口どまりです。一般的には入れなかった」

「ソ連寄りの独裁時代が長く続いたわけですが、当時はこの地下室で死んだ七人や、かくまった牧師らへの評価は？　たとえば七人の遺族に対し、政府からの年金などはどんな具合だったんでしょうか」

「それが何もない、ないのです」

「え？　だってナチの圧政とたたかい、犠牲になったお国の兵士たちですよね」

「何もないどころか、その家族は戦後、いろいろに迫害されたのが事実です。どうも、矛盾しているようだが……」

「なんでまた、そんな冷たいことに？」

「一言でいえば、彼らはソ連からでなくて、イギリスから来たということ。資本主義からの回し者、とされたのです。当時、連合国の一翼を担って、イギリス兵になった若者は多かった。しかし、戦争が終わって戻ってくると、例の冷戦構造とやらで、がらりと立場が変わったのですよ」

私はげんなりして、ふうっと軽い目眩を起こしそうになった。全体主義の時代に「個」が無視されるのはわからないでもないが、でも、それじゃあんまりだよ、と言いたくなった。

## ひとりぼっちで語り継ぐ

夏休みのせいか、教会を訪れる人はぽつぽつと現われて、閑散としていた冬と比べてはるかに多かった。ヴェトヴィッキーさんのいう通りで、来客はやはり国外からが多いようだった。

客が見えるたびに、氏はその応対に追われて、地下室まで案内するゆとりがない。氏が地下室にいては、聖堂に入った客も、なんだ誰もいないのかとあきらめて帰ってしまう。聖堂と地下室に、それぞれ案内が必要なのだが、一日六〇人平均なら、単身でもなんとか間に合うのだろう。

周囲が少したてこんできたので、私は遠慮して、途中で地下室に入った。

中央祭壇前の床が、ぽっかりと四角く開いていて、石の階段が地下へと続いている。ドイツ軍が爆破して突入したところだが、階段を降りきってみると、内部はそう広くはない。

ドーム式にくり抜かれた空間は、正面壁に突き当たるまで細長く、ところどころ天井からの照明が、赤レンガの床面を照らしている。灰色に煤んだ壁は、地下室だったせいか当時のままで、ひんやりと不気味な冷気が漂う。そういえば、ここは死体置場で、近くの修道院の死者たちが安置された場所なのだが、重い石蓋で入口が密閉されたまま、久しく使用されていなかった。

では、七人はどのようにして、ここに入れたかだが、その穴は、地下室の奥まったところの天井隅にあった。人ひとりがやっとくぐれるほどの小さな穴で、ロープにでもすがって降りたのだろう。水や食糧もそこから差し入れされたはずである。

その穴の反対側の天井近くに、横長の四角い窓があって、外部からの陽光を招き入れている。ただ一カ所だけの、明かりとりの窓だ。ここから外部の様子をうかがえるが、ドイツ側もこの窓に向けて重機関銃を乱射し、ガス弾を投げ入れ、ついには消防車のホースを突っ込んで放水した。

完全包囲された地下室の四人は、なんとかして下水道へ脱出しようとした。

明かり窓の下のコンクリート壁に、荒々しく削り取られた痕跡がある。やっともぐり込めるくらいまでは掘ったものの、壁は厚くて抜けなかった。電気ドリルでもあればやれたかもしれないが、手持ちの道具では間に合わなかったのだろう。銃撃戦のさなかにぬれ鼠となって、必死に壁を切削する彼らの姿が目に浮かぶようだった。

地下室は、むき出しの壁と平台とに、さまざまな資料が展示されている。限られた壁面と小空間にもかかわらず、ナチの占領からハイドリヒの暗殺とリディツェ村などの大虐殺、そして地下グループの最後までがパネルや地図、グラフ、現場スナップなどによって、わかりやすく配置され、スポットの照明下に浮上していた。

処刑されたペトチェック牧師と、その家族の写真もある。もちろん、ここで悲壮な死を選んだ七人の肖像写真も掲げられている。みな若く、イギリス軍服を着て澄ました表情だが、どことなしにあどけなさが残っている。

彼らは、自分たちの国を愛したが故に、命令にしたがったのだろう。それは愚かとはいえないにしても無謀だったの批判もあるが、戦時下ではあったし、しかも相手が「プラハの殺人鬼」とまで称された残忍無比な圧政者だったことで、若者らしく一途に突き進んだのだ。もし密告者が出なければ、彼らは生き残れただろうに、と思う。

いや、ゲシュタポの包囲網が一日遅れでも、モラビア山中に脱出できたかもしれない。そうなれば、かくまった教会関係者も無事だったはずである。犠牲の大きさと重さを思うにつけても、痛恨やるせなく、胸が締めつけられる。

さらに見ていくと、展示物のない壁があるのに気づいた。そこには巨大な蜂の巣のように灰色のコンクリート壁が仕切られていて、いくつかの区画になっている。最上段の二つの区画に、それぞれ献花があった。

「地下室での戦闘は、三時間ほどかかって、午前一一時に終わったのです。最後の二人は、あすこで亡くなりました。残された一発ずつの弾丸で……」

背後に低いふくみがちの声が聞こえて、振り向くと、いつのまにかヴェトヴィッキーさんが横に立っていた。聖堂にいた数人の客を案内して、石段を降りてきたのである。

「二人は、あすこまで、よじ登ったんですか？」

「やつらの水攻めで、ついに居場所がなくなったからです。この棚は死体を納棺したところでした」

「もう立っていられないほど、水が上げてきたんですね。二人はあすこで、最後に何を考えたんでしょうか？」

氏は黙って首を振っただけで、客たちと一緒に奥へ立ち去った。

## プラハの熱い余韻が

プラハでの取材がすむと同時に、八月も終わりに近づき、夏休みを過ごして帰る人たちで、小さなプラハ・ルズィニェ空港はごった返していた。

教会地下の納棺棚。上段の花を飾った区画で最後の２人が自決した。

東京への直行便はないので、パリ経由で帰国する便をとったが、パリまでの小型機は、たくさんのお土産を抱えた人で満席だった。

わが家のカミさんは、子どもたちの教材にと、いくつもの操り人形を買い込んだが、私に土産はない。あるとすれば、リディツェ村記念館やテレジン収容所、さらに聖キリルと聖メトデゥース教会で分けてもらった小冊子などの、資料くらいである。ヴェトヴィッキーさんからいただいた教会のパンフレットを、私は開いてみる。

こんな書き出しから、始まっていた。

「チェコの正教会は、いかなる専制政治にも抵抗してきた。それは正教会の歴史を通じて、誇りある記録をこんにちに残している。

第二次世界大戦下においても、ファシズムに対する地下組織の拠点として、抵抗活動の中心的な役割を果たした。チェコの正教会を代表するのはゴラザッド司教だったが、司教は文化的な精神性を放棄していない国民は、いついかなる時代にも、いかなる方法によってでも、人間としての尊厳を奪われることはないと述べている。

しかし、そのための犠牲は、決して小さくはなかった。七人の抵抗者をかくまったかどにより、一九四二年九月三日、ゴラザッド司教をはじめとする牧師たちのおざなりの裁判が行われ、翌日四人の牧師はただちに銃殺され、その妻、息子や娘たち、そのつれ合いや、修道僧たち関係者二五二人が投獄されて死刑を宣告された。さらにそのまま強制収容所に連行されて、ガス室で殺されたのである……」

七人をかくまった牧師のみならず、その妻や息子や娘たちからつれ合いまでが……という記述は、目をふさぎたくなるほど悲痛で、ちくりと胸に突きささるかのようである。ハイドリヒ暗殺によって奪われた人命は、約五〇〇〇人といわれている。

しかし、抵抗者たちの最後のとりでの教会地下室は、記念館として残された。

今のところ、ヴェトヴィッキーさんだけの、たったひとりぼっちの記念館だが、市民が選んだハベル大統領下のチェコ共和国政府によって、第二次世界大戦中のレジスタンスに関係した者たちの新しい法律が作られつつあるという。いずれは地下室に続くレジスタンス博物館ができるはず、とはヴェトヴィッキーさんの大きな期待をこめた言葉だったが、私もまたその日が近いことを心待ちにしたいと思う。と同時に、リディツェ村の子どもたち八二人の群像モニュメントが一日も早く陽の目を見ますように、と願わずにはいられない。

抵抗者をかくまった牧師たち

機はいつのまにやら高度を下げて、速力を落としはじめていた。もうすぐパリだった。

しかし、まだプラハでの熱い余韻が、私の胸に渦巻(うずま)いている。教会の地下室で自決した七人に遺書(いしょ)はなかったが、もしこの世に一言残せたとしたら、なんと言ったことだろう。

などと考えているうち、またまたレジスタンスの映画「マルシカの金曜日」の一シーンが思い出された。そして処刑を目前にした、マルシカの最後のつぶやきが……。

平和だった私の村
素朴(そぼく)な父と母
愛らしい弟と妹
そして優(やさ)しい初恋(はつこい)のひと
いまこそ私は愛する人びとの
頬(ほお)にキスを贈(おく)る
この白い壁のなかから

哀しみよりは歌　涙（なみだ）より歌
いのちある日まで……

# 一九九六年版のあとがき

民衆の戦争体験を、日本国内から海外へ、アジア諸国からヨーロッパへと追っているうちに、とうとうチェコ共和国の首都プラハまで足が延びてしまった。

かつてのチェコスロバキアは、一九三八年九月、第二次世界大戦の一年ほど前に、ヒトラーの圧力に屈したミュンヘン会議により、ズデーテン地方をドイツに奪われたのを皮切りにして、さらに占領、分割されてしまった。ドイツ軍の支配下で軍事基地化された国内に、さまざまな反独抵抗運動があったのは知られているが、ひとくちに戦争体験といっても、ずいぶん違うものだと思う。

それら戦争の惨禍は、いまどんなふうに残されているのだろう。そして、プラハ市民はそれをどのように受けとめ、これからどう生かそうとしているのだろうか。

短期間の二回ほどの旅では、以上の問いに答えられるはずもなかったけれど、それでも村ごと破壊し尽くされたリディツェ村や、テレジン強制収容所、市内のあちらこちらを駆け回るうち、まことに感覚的ではあるが、私なりのものをつかむことができた。

プラハは、ドイツの占領下に置かれたこともあって、戦火の傷痕は少なく、したがって中世からの面影を現在にとどめる美しい街である。しかし、プラハを中心とする戦時下市民の犠牲はきわめて深刻で、それはリディツェ村の惨劇と合わせ、ドイツが占領軍司令官として送り込んだハイドリヒの恐怖政治ならびにその暗殺事件による余波と、密接に関係している。

ならば、そこからたぐっていけば、もつれてからんだ糸がほぐれて、戦時下の一断面が見えてくるかもしれないと考え、ペンを進めたが、はたしてこの試みでよかったのかどうか。……

第二次世界大戦から半世紀も過ぎると、戦争体験者はいずれも高齢化し、直接的な証言は時間の問題になってきたが、今回は特にリディツェ村の体験を、二人の女性からうかがえたのは幸せだった。そして、村の子どもたちのモニュメントを作ろうという人たちや、教会地下記念館を単身で語り継ぐ教師にも感動し、胸が熱くなった。かえって私自身が励まされる思いである。

それにしても、あの時期に凶暴なナチス・ドイツならびにイタリアと三国同盟を形成し、戦禍を世界中に波及させた日本の重大な責任を、いままた改めて痛感せざるを得ない。最後に本書のため、お世話になった方々（後ろに掲載）に、心からのお礼を申しあげてペンをおく。

一九九六年一月　　　　著　者

**主な参考資料**

アンリ・ボグダン、高井道夫訳『東欧の歴史』中央公論社
『東欧を知る事典』平凡社
大鷹節子著『チェコとスロバキア』サイマル出版会
ジョン・ブラッドレー、加藤俊平訳『大虐殺―リディツェ村の惨劇』第二次世界大戦ブックス㊽　サンケイ出版

ロジャー・マンベル、渡辺修訳『ゲシュタポ』第二次世界大戦ブックス⑪　サンケイ出版
アンソニー・ブラウン、小城正訳『謀略―第二次世界大戦秘史』（上下）フジ出版
タイム・ライフブックス編、小山田義文他、ライフ第二次世界大戦史『ヒトラーとナチス第三帝国』西武タイム社
伊藤千尋著『歴史は急ぐ―東欧革命の現場から』朝日新聞社
朝日新聞社編『朝日旅の百科・世界史の舞台①』朝日新聞社
バーツラフ・ハベル、千野栄一、飯島周訳編『ビロード革命のこころ』岩波ブックレット158

＊

ヤン・ドルダ、栗栖継訳『声なきバリケード』青銅社
ユリウス・フチーク、栗栖継訳『絞首台からのレポート』岩波文庫
ミース・バウハウス文、よこやま・かずこ訳『トミーが三歳になった日』ほるぷ出版
いぬいとみこ文、司修画『野の花は生きる―リディツェと広島の花たち』童心社
岩渕正嘉編『蝶はもう飛ばない―テレジンの小さい画家たち』造形社
野村路子著『テレジンの小さな画家たち』偕成社
野村路子著『一五〇〇〇人のアンネ・フランク』径書房
地球の歩き方65『チェコ・ポーランド・スロバキア』ダイヤモンド・ビッグ社
地球・街角ガイド・タビト『プラハ』同朋舎出版

**旅程・資料などの協力**（順不同・敬称略）
チェドック・チェコ旅行公社、新和ツーリスト株式会社
ホンダ・トラベルサービス株式会社（本多一重、相原美千代）
ハナ・ツーリスト（クリスティナ・コパチコーバ、ヤナ・レップコーバ）
〈証言者〉ヴィエラ・フェクソーバ、マリエ・シュピコバ、メロスラバ・カルボワ、ウラジミール・ヴェトヴィッキー

〈写　真〉久保崎輯（特派）、重田敞弘、吉田一法、鷹取忠治、新日本映画社、ＧＲＡ

〈イラスト〉早乙女民

〈資料など〉栗栖継、山田和夫、西川正、斉藤晴雄、小玉俊子、野村路子、田畑昭子、山本耕二

〈翻　訳〉早乙女愛

〈装幀・レイアウト〉梅津勝恵、中村吉郎

# エルベの誓い

エルベ川と橋の上で東西からであった兵士たち

# 1　「エルベのほとりで歌わん」

**◆エルベの誓い**　第二次世界大戦末期、西と東からヒトラー打倒をめざして進撃したアメリカ軍とソビエト軍の兵士が、エルベ（Elbe）で取りかわした平和の誓い。一九四五年四月二五日、両軍兵士は初めてベルリンの南方約七五マイルのエルベ河畔トルガウで出会った。両国の主義・主張（イデオロギー）は違っていたが、ナチズム壊滅のために死闘を続けてきた間がらであっただけに、両軍の兵士たちは肩を抱きあって勝利を喜び、この平和への誓いは歴史的な場面となった。……〈義井博〉（旺文社百科事典『エポカ』）

## 一九八五年三月モスクワで

「古い話ですが、〝エルベの誓い〟をご存知ですか」

と、聞かれた。

「ええ、第二次大戦下のね。米ソ両軍の握手の写真を覚えています」

「その当事者だった方がいるのですが、なんだったらお会いになりませんか。すぐコンタクトがとれますが」

「え？　ほんとですか。それはぜひ！」

通訳氏の何気ないひとことに、私は飛びついた。戦後四〇年目の春で、まだソ連邦時代のモスクワでである。

当事者というなら、元兵士だろう。ソ連の退役軍人に会う機会は何度かあったが、たいていは軍服の胸を勲章だらけにしてくる。よくぞ昔の制服を保存していたものと驚くが、ソ連日本親善協会に現われたアレクセイ・ゴルリンスキー氏は、普通の背広姿だった。

一目で、元将校だったとわかる。堂々たる体格で、いかにも一軍を統率していたらしい風格というか、貫禄があった。それだけに少し気むずかしそうな感じもしないではなかったが、「出会いの思い出話を」と切り出すと、大きくうなずいて、にわかにその表情がやわらいだ。

ゴルリンスキー氏は、一九四一年六月、ナチス・ドイツ軍のソ連侵攻から始まった戦争勃発の時点で、多くの若者たちと同じように軍隊を志願した。砲兵部隊の要員として、激戦場にいなかったためしはなく、ドイツ軍敗退の転機となったスターリングラード攻防戦をはじめ、すべての主要な戦闘に参加した。

ためにリスクも多かった。戦場にいない時は野戦病院にといった具合で、計六回も負傷した。

多くの戦友たちは、戦闘のたびごとに次つぎと姿を消していったが、自分だけはなぜか死に神からきらわれたらしい、といって笑う。

戦争最後の年の一九四五年四月、ソ連軍は敗走する敵の息の根をとめるべく、東側から二手に分かれて、ドイツ内部へと進撃していた。一方は首都ベルリン攻略へ、もう一方はドイツ軍兵力の分断作戦だった。分断作戦の先鋒部隊に属していた氏は二六歳だったが、かずかずの戦功を認められて、砲兵部隊の指揮官になっていた。

その青年将校が、ばったり出くわしたのは、ドイツ兵ではなくて、意外にもアメリカ兵だった。かれらはイギリスから北フランスのノルマンディーに上陸し、西側からドイツへと進撃してきたのだった。劇的な、そして歴史的な出会いの場所は、ベルリンの南一〇〇キロに位置する、エルベ川沿いの小さな町トルガウだ。

四月二五日の段階で、ソ連第五親衛軍はエルベ川東岸の、ハルテンフエルス城を望む一帯に戦線陣地を築いたという。

氏の青春は、文字通り生死を分かつ戦争一色で、惨たる思い出しかなかったはずである。だが、それだけはめったにない〝いい話〟で、忘れようとて忘れることができないのだろう。大振りなゼスチユアを入れながら、語り出したものである。

## ゴルリンスキー氏は語る

「そう、午後二時過ぎだったたですかな。私は司令部を出て、砲兵中隊の監視所に立ちよったのです。そこはエルベ川にもっとも近いところだった。天候は申し分なく、時どきわが軍の射撃音が、ぼんぼ

「エルベの誓い」のソ連兵ゴルリンスキーさん（右から２人目）に話を聞く（1985. ３）

んとはじけていた。みごとな青い空でした」

「快晴だったんですね。まだドイツ軍と戦闘中だったんですか」

「いや、特に標的はなくて、威嚇ですな。どこかにひそんでいるかもしれぬ敵への。かれらは二日ほど前に橋を爆破して退却したが、残存兵力がいないとはかぎらん。戦場では常に細心の注意が必要なのです。目の前にエルベ川がゆったり流れておって、爆破された橋と、トルガウの町がある。ふと、私は目をこらしたんだ。なにやらチカチカときらめくものがあってね。対岸にそびえる城の塔あたりに、だ」

「そのきらめくものって、太陽に反射しての感じですか」

「そう。ガラスの破片か、鏡か、いやいや双眼鏡のレンズか。これは、敵の残存兵だな、とね。万一の場合に備えて、砲兵中隊長に発射の準備を命令し、砲の接眼レンズにかじりついたのです。やはり、思った通りで、対岸に二人の兵隊がおる。見慣れぬ服装で、さかんに手を振っているんだ。とっさに気づいた。あ、あれはアメリカ兵だ、と」

「発射しなくてよかったですね」

「いや、実をいうと、一、二発はぶちこんだんだ。私の中隊ではないけどね。命中してたら、軍法会議もんだよ。はっはははは……」

「戦場では、いろんな混乱や混戦があるってことですか」

「そういうものだ。やがてまもなく、わが軍の偵察隊数人が、こわれた橋に向かった。拳銃を手にしてね。もし対岸の相手がアメリカ兵なら、予定通り緑色の発煙弾が打ち上がるはずなんだが、それがない。後で知ったことだが、ウィリアム・ロバートソン少尉の偵察隊は、まさか自分たちが一番にわれわれと接触するとは思ってなかった。だから、必要なものを用意してこなかったという。危機一髪で、相撃ちにもなりかねなかったんだ。なにしろ、わが軍に変装した敵の奇襲で、しばしば痛い目にあったからな」

「でも、これはまちがいなくアメリカ兵だ、と……」

「表情や発音で、そう確信した。かれらは実に軽い身のこなしだった。破壊された橋桁を伝わってやってくる。橋桁のまんなかが川につかって、変型した鉄骨が突き出ていた。わが軍の兵士も、かれらに向かって急ぐ。双方に歓声が上がる。私も走った。東と西からファシストをはさみ討ちにした米ソ両軍の握手は、普通の握手とはちがう。ナチス・ドイツ敗北の、決定的瞬間だったからだ」

## たった一つのロシア語

「それは何時頃でしたか」

「四時頃だったかな。ところがだ。出会いはよかったものの、われわれは英語ができず、かれらはロシア語がわからん。これには参った！」

「なるほど」

「ただね。米兵の一人が、たった一つのロシア語を知っていたんだ。大声でタワリシチ（同志）！とね。それで十分だった。あまりの興奮と感動に、ただモスクワ～ワシントンを連発し、肩をたたいて抱き合い頰ずりし、次にさけんだのは、ヒトラーカプート（敗北）だった。友好のしるしに、軍服のボタンや帽子の星マークを引きちぎって、交換し合った」

「あれ、ボタンやマークがなくなっては、後で困るのでは……」

「その心配はない。すでにわが軍はベルリン市内に突入しておった。ヒトラーカプートは時間の問題だったからな。もっとも米兵は、私のスターリングラード防衛勲章とメダルに注目していたが、ればかりはね、やるわけにはいかなかった」

「聞いているだけでも、胸がときめきますね」

「そうだ。思い出すだにワクワクしてくる。こわされた橋を渡ってくる者、軍のゴムボートに乗ってくる者、ぞくぞくとやってくる。うわーッと大歓声でね。たちまちわが軍の陣地で、交歓会になった。

缶詰めやパンが並べられ、私は初めてアメリカ製バーボンにありついた。かれらはウオッカに舌つづみを打ってね。おたがいに妻や子や、恋人たちの写真を見せあっては、また乾杯、乾杯の連続だった」

「言葉の壁は、なんとかなったと？」

「そうだ。なぜかというなら、われわれは共に命をかけて戦ってきたんだ。反ファシズムの一点で。同じ目標に向かって、さんざん苦労してきた兄弟だったのだ。そして、手を握り合った以上は、これを最後の戦争にしよう、これからは、おたがいの国の子や孫の平和のために尽くそう、と。共通の意志を確認するのに、たいして時間はかからなかった」

「それが、〝エルベの誓い〟になるのですね」

「誓いといっても以心伝心でね。なにしろ、こっちが知ってるのはワシントン、ルーズベルトくらいなもので、あちらはタワリシチだけだからな。はっははは……」

ゴルリンスキー氏は、両肩を揺すって豪快に笑った。気むずかしそうな印象は消えて、もうすっかり陽気なロシア人に変わっている。

ようやく一服入れた氏は、持参した紙袋から、何枚かの写真を取り出した。みな当時のもので、まだ二〇代だった頃のスナップである。なかなかの男前だが、軍服の胸にやたらと勲章が光っている。米兵がそれを欲しがったというからには、戦闘中もつけていたのだろう。

さらに、見覚えのある出会いの一枚もあった。氏は写っていないが、橋桁の残骸の上に立った三人

現役時代（右）と退役後盛装したゴルリンスキーさん

ずつの両軍兵士が、いままさに握手をしようと右手を差しのべたところ。笑顔が重ならないように、その瞬間をうまくとらえているからには、何回かリハーサルしたものかと思われる。世界中を駆けめぐった歴史的な写真だったが、氏は気前よく復写して使ってくれたという。

## 毎年その日にトルガウで

この日、エルベ川での両軍の邂逅を、モスクワでは二四発の礼砲を打ち上げて祝い、ニューヨークでは大群衆がタイムズスクエアにどよめいた。またサンフランシスコでは、世界四六カ国の代表が集まって、国際連合設立会議が開幕している。世界の安全と平和維持のための「国連」のスタートである。

まさに平和の到来を象徴するビッグニュースを、両国兵士は担ったといえよう。

出会いのあと、エルベ河畔に集結した兵士たちは、もはやボタンなしの軍服でもよかったのだ。最後の激戦場はベルリン市内に移っていて、ソ連軍の総攻撃に追いつめられたヒトラーは、五日後に地下壕で自決、そのまた一週間後にドイツ降伏でヨーロッパ戦線終結と、歴史の歯車は急回転したのである。

しかし、前線兵士たちの間で交わされた不戦の誓いは、戦後の国際政治にまで生かされることはなかった。むしろ逆行するばかりで、もうすでに東西冷戦が始まっていた。

一九四六年三月、元イギリス首相だったチャーチルは、アメリカ国内でいわゆる「鉄のカーテン」演説をおこない、これが本格的な冷戦の端緒となる。翌四七年三月になると、アメリカ大統領トルーマンは、原爆生産の大増強と軍備強化を訴え、対ソ封じこめ政策を打ち出した。国際緊張はいやがうえにも強化して、米ソ両国は単に相手国のみならず、地球を何十回となく絶滅できる核ミサイルを手に対峙するようになる。

もし全世界の核兵器の二割が使用されただけでも、地球は五億年昔に逆戻りするといわれる。人類はおろか、ありとあらゆる生物が死にたえることだろう。

戦場の血みどろの修羅場をくぐり抜けて、それこそ「命をかけて」ファシズム・ドイツを打ち倒し、平和と民主主義を勝ちとったはずだったゴルリンスキー氏らにとって、この現実はどう映じたことか。それを聞くのは、いささか酷なように思われた。私は質問を変えざるをえなかった。

「まもなく、戦後四〇年目という節目の四月二五日、出会いの日がやってきます。特に予定されていることがありますか」

「もちろんだ！」

トルガウの記念集会で米ソの戦友と語り合うゴルリンスキーさん（眼鏡の人）

いいことを聞いてくれたとばかりに、氏は両手を広げ、その頬がまた一段と上気したかのようだった。

「トルガウが私を待っている。われわれは、毎年その日に、思い出の地で交歓することになってるんだよ。戦友たちがやってくる。米・英・仏とな。出会いの広場で、町をあげての式典が開かれる。そして、おたがいに問いかけるのは、〝あの誓いを覚えているか？〟〝そのために何をしているか？〟だ」

「なるほど、それで？」

「私の答えは、いつも一つだ。〝覚えているとも。地球が平和であるために、すべてのことをしているよ〟とな」

「現地に出会いの広場というのがあるんですね」

「うむ。ハルテンフェルス城を望むエルベ川のほとりにある。記念碑もある。トルガウは実にいいところだ。なんだったらご案内しましょうかな」

## 青春の歌「エルベ河」

モスクワでゴルリンスキー氏に会ってからというもの、私は「エルベの誓い」に関心を持ち、ドイツ東部の未知なる町トルガウに惹かれるようになった。

しかし、そこはごく小さなひなびた町らしく、ガイドブックにはなんの記述もないし、日本人による紀行文らしいものもない。ヨーロッパの地図で調べてみても、よほど詳細な地図でないと出ていない。

そうなると、かえって想像力が刺激されるのか、豊かな水量でとうとうと流れるエルベ川が、目に浮かぶようである。もうすでに補修されたであろうアーチ型の橋と、川のほとりに屹立する古城に、出会いの記念碑と……。などと勝手なイメージを追いかけているうち、ふと思い出されたのは、青春期によく口ずさんだ「エルベ河」だった。

ふるさとの声が聞こえる
自由の大地から
なによりもわれらしたう
なつかしいソビエートの地
……

という出だしではじまる「エルベ河」は、楽団カチューシャ訳詞、ショスタコビッチ作曲になるものだが、もっぱら社会主義ソ連を讃える歌になっている。一九四九年度のソ連映画「エルベの邂逅」の主題歌だった。映画は見ていないが、いかにも前線兵士らしい男性合唱を入れたテノールと、バリトンの二重唱は悪くない。川の名が出てくるのは三節目である。

エルベのほとりで歌わん
広きロシアのこころ
おおいなる祖国の前に
ファシストはかげもなく

……

そして、リフレインになるのだが、遠く故郷を後にしてきた兵士たちの心はずむ友軍との出会いが、「エルベのほとりで歌わん」の一行によく集約されている。ドイツ国内にはライン川をはじめとして、まだいくつもの川があるけれど、第二次大戦下におのずと歌が湧き出してきたのは、「エルベのほとり」だけに限られるのだろう。

そのエルベ川のほとりで、私も不戦の乾杯といきたいものだが、なにしろ遠方の地である。何かのついでもあれば別だが、そのためにだけでは容易に腰が上がらなかった。

たまに歌声喫茶に出かけて、「エルベ河」の歌でまぎらわしているうちに、東ドイツ（ドイツ民主共和国）もソ連邦も消滅し、いきおいゴルリンスキー氏の記憶も遠ざかっていくばかりだった。
ある日のこと、何気なく広げた新聞の小さな記事に、私はどきんとした。エルベ川の出会いの橋が、ついに解体されることになったというのである。

## 戦跡が消えてなくなる

朝日新聞（94・5・11）によれば、冷戦時代にも「米ソの退役軍人らが旧交を温めてきた」「平和と友好の象徴」だった橋の解体は、老朽化だけが理由ではなかった。修理と保存のための一〇〇万マルク（約六億円）の出どころがなかったのだ。二年前に近くに新しい橋ができたこともあって、無用の長物になったらしい。

保存の声は強かったものの、財政難の国も地元ザクセン州も「ないそでは振れず」と、出ている。解体作業は仕上げの爆破で終了し、記念に西側の橋桁だけが残されるとのこと。大戦末期に、敗走するドイツ軍によって一部が爆破された橋は、今度は平和時にもかかわらず、ふたたび爆破されてついにその姿を消すのである。

「一歩遅かったか……」

と、私は舌打ちした。

なんとなく橋が哀れだったが、特別な思いを託す元兵士たちも、さぞ落胆していることだろうと思う。もっとも戦後半世紀ともなると、かれらも高齢で次つぎとあの世に旅立っているはず。子や孫に

トルガウの古城と戦禍で破壊された橋が修復されている

引きつがないかぎり、戦争体験者は先細りする一方である。と同時に各地の戦跡は見る影もなくなるのが通例だが、まさか橋までなくなるとは思わなかった。しかし、西側の橋桁だけは残されるという。ほかに誓いの記念碑があるはずだ。

その出会いの現場は、今どうなっているのだろうか。それは町の人びとに、どう受けつがれているのだろうかなどと考えているうちに、たまたま旧東独を旅してきた方から、ドレスデン爆撃の写真証言集『Lebenszeichen』（生きているしるし）が送られてきた。

写真集には、手紙が添えてあった。同書を入手した地、ドレスデンには、連合軍による空襲の惨禍を語りつぐ「一九四五年二月一三日を記録する会」があって、偶然にもそのメンバーと接触する機会があったという。

記録する会は、一九八〇年代にまだ二〇代だった青年の体験記募集の呼びかけから発足した。長く続いた東独時代には、民衆の戦禍が表ざたにされることなく、記録らしいものはまとめられなかった。会はベルリンの壁崩壊後から正式に動き始めて、ドレスデン宮殿内に常設展を設置できるようになり、民間の小組織ながら活動中だから、機会があったら「激励の葉書きでも出して」と書いてある。

　写真集は同会がまとめたもので、ドイツ語版だが、ページを繰っていくだけで、大惨禍が迫ってくるようだった。

　ドレスデンには、実は二昔ほど前にも行ったことがある。エルベ川の水路から発展した美しい古都で、バロック様式で統一された宮殿や教会に歌劇場などが、鮮明に脳裏によみがえってきた。そこから、エルベ川下流の町トルガウは近い。改めて地図を見れば、直線距離で約七〇キロほどではないか。

「よし！」

と、腹を決めた。

　激励の手紙はやぶさかではないが、もし現地で同会のメンバーと語り合えたなら有意義である。ドレスデンで空襲の実態を調べたあとは、エルベ川を北上してトルガウへ。そしてポツダム経由で、ベルリンへ抜けてみよう。そうだ、ヒトラーとナチズム終焉の地へ——と。

## 2 古都ドレスデンで考えたこと

◆**一九四五年二月一三日** ドイツのベルリンの南方、エルベ川沿いにある旧ザクセン王国の首都ドレスデンが、この日の夜から翌日にかけて、連合軍による無差別爆撃を受けた。（略）火災は四日間続き、約二〇平方キロメートルを焼きつくし、由緒ある建物のすべてがその面影を失った。焼死、エルベ川での溺死などで、死者は一三万五〇〇〇人に達する。（『20世紀の全記録』講談社）

◆**爆撃の死者数** ドレスデンは新生ザクセン州の州都で、人口約五二万。旧東ドイツでは三番目に大きい都市。かつては「エルベ河のフィレンツェ」とまで呼ばれた美しいバロック調の都も、一九四五年二月一三、一四日の両日にわたって英米軍の猛爆によって、跡形もないまでに灰塵と帰した。何ら重要な軍事施設もないにもかかわらず、三万五〇〇〇人以上の死者を出した。（『ブルーガイド・ワールド・ドイツ』実業之日本社）

**東ドイツでの思い出**

フランクフルトからワイマール経由でドレスデンに向かったが、冒頭の引用は途中で開いた資料の記述である。どちらもごく最近もよりの書店で入手した本だった。英米軍の空襲についての解説だが、決定的な違いが一カ所、爆撃による死者数だ。

一三万五〇〇〇人と、三万五〇〇〇人以上で、その差はちょうど一〇万人。これは一体どちらを信用したらよいのか。どちらが正しいのか。たまたま双方を照合できた人だけが、「？」となるのだが、一冊だったら疑問をさしはさむ余地はない。

物事はなんでもそうだが、決してうのみにすることなく、さまざまな角度から総合的に追求する批判精神が必要なのだろう。

しかし、右の数字の違いは今に始まったことではなく、戦後ずっと尾を引いていた問題点だった。ということは二日間に及ぶ空襲が、市民にとってはケタはずれの惨劇で、行政の責任もあるけれど、町全体がパニック状態だったことが想像できる。

ドレステン空襲の死者数は、日本側資料ではまだ混乱続きだが、はたして今はどのような数字になっているのか。現地に行けばわかるはずだが、その解明は、今回の旅の目的の一つでもある。

振り返れば、一九八〇年前後に私は、二度ほど旧東独に足を向ける機会があった。いずれもベルリンが基点だったが、入るのも出るのも大変だった。特に一回目は、冷や汗ものだったのを思い出す。

その時は西側へ抜けて帰途についたのだが、チェックポイント・チャーリーという検問所の通過が一大事だった。予定の飛行機に乗り遅れはしないかと、腕時計を気にしながら生きた心地もしなかった。車は長い行列でやっと番がきたら、パスポートの写真と本人確認の念入りなこと。さらに車の座席から、車体の下まで調べる。長い柄のついた鏡を車体の下に入れ、順次ずらしていくのだが、六一年にベルリンの壁が構築されてから、車体の下に張りついてまで脱出する者がいたのだろう。

二つの国に分断されたドイツの、悩める姿に溜息が出た。復帰前の沖縄のみならず、たとえばわが国が西日本と東日本に区切られたらどうなるか。現在の朝鮮半島がいい例だが、民族の苦痛たるや計り知れないものがある。

しかし、東ドイツの町並みは至って清潔で、盛夏にもかかわらず空気もガラスみたいに澄んでいて、樹木の緑が目にしみた。路上に広告類がないのも珍しい。日本ではどんなひなびたところでも、道端や植え込みにビニール袋や空缶などが目につくものだが、そんなもののない町は生活色がなく、ひっそりとした第一印象だった。

ベルリンから古都ドレスデンは、南へ一六〇キロ。シュプレー川に沿って、車は走った。川岸には古びた倉庫がたち並び、荷揚げのための入江が見えた。倉庫の先に「壁」がどこまでも長く続いて、ちらほらと見えがくれする。ひょいと飛び越えられそうにも思えるが、境界線は不気味に静まりかえって、人の気配はない。

車は重苦しい「壁」を振り切るようにして、郊外へと出ていた。

櫟や楢、松の林のあいだを縫って南下する高速道路は、まるで定規で引いたかのように一直線だ。平野の道だから、視界を妨げるものはない。これぞヒトラー時代に完成した弾丸道路だが、道幅は片側四車線もある。中央部分はグリーンベルトで仕切られているので、反対側の車が気にならないのがいい。ドレスデンまでは、三時間ちょっとで走ったと覚えている。

## フラウエン教会の残骸

古くは文豪ゲーテが「ヨーロッパのバルコニー」と名づけ、ガイドブックにも「エルベ川のフィレンツェ」などと紹介されているドレスデンは、話半分に受けとっても、たしかにそれだけの風情がある。

町の中心部に、なだらかな弧を描いて、エルベ川がゆったりと流れている。豊かな水量である。チェコのボヘミア山地を水源にして、ドイツのほぼ全域を貫通する流れは、北海へと注ぐわけだが、東も西も分けへだてなくうるおしているのだろう。

米ソ両軍の不戦の誓いも、この川を渡っておこなわれたのだが、それは少し後にゆずろう。

ドレスデンの町は、エルベ川をはさんで、北の新市街地区と南の旧市街地区に分かれている。北のノイシュタット地区は平凡なニュータウンだが、これに対比されるのが、南のエルベ川沿いの壮麗な建築美である。

林立する堂塔や宮殿のパノラマは、中世の都市にでも迷いこんだかのようで、古色蒼然たるたたずまい。特にアウグストゥス橋の上からの眺めがみごとだった。陽光をあびてきらめく大聖堂や宮殿の塔が、そのまま川面に映ってゆらめいている。

橋の下を行き来するのは、遊覧船か。チェコ国境の大峡谷までさかのぼって、断崖絶壁の奇岩絶景を親しむことができる。

ドレスデンならびにザクセン王国の歴史には、エルベ川による交易と水上交通路を欠かすことはできない。銀の産出も豊富だった。ために中世の領主は、ドイツ君主国のなかでも抜きんでて裕福になり、権力を一手に集めることができた。

莫大な費用と労力をかけて、壮麗な宮殿や教会が続々と作られたのは、王国の権威と権力を広く誇示するためもあったのだろう。時あたかもバロック建築の全盛期だったので、ヨーロッパでも指折り数えられるほどの「百塔の都」になった。

領主の離宮だったツヴィンガー宮殿が、その代表的なものである。国境沿いの大峡谷が近く、その岩石が切り出されて、都市建設に活用されたのだ。

おまけにザクセンの歴代君主は、たいそうな文化通だった。彼は美術や音楽にも情熱を傾け、あり余る財で世界の美術品を収集した。またオペラの劇場や殿堂を作り、ウェーバー、ワグナーのような音楽家を迎え入れた。君主制度はすたれても、その文化性はバロック様式美の町とともに、こんにちにまで受けつがれるはずのものだった。

ところが、町中がほとんど跡形もなく壊滅する日がやってきた。

ドレスデンにおける現代戦争の決定的惨禍を象徴するのは、旧市街の中心部に屹立するフラウエン（聖母）教会の残骸だろう。

広島の原爆ドームに似て、生い茂る雑草のなかに、聖壇部と階段塔の壁面だけが残されている。傷口をそのままに露出させて、宙を突いていた。最高部にステンドグラスでもはまっていたらしい丸窓が、筒抜けになっている。大ドームの聖堂はない。もう一面の頭部はもぎとられて、その部分の赤レンガが、風雪によって変色していた。

近寄ってみると、階段塔の残骸は、そそり立つような高さだ。不安定に直立し、ふいにがらがらと音を立てて、頭上に崩壊しそうな錯覚にとらわれた。

それは、ドイツ最大のプロテスタント教会堂だった。ザクセン王国時代の一七二六年から四三年にかけて建設され、四〇〇〇人もの信徒が集うことができた。バロックの建築美からも賞賛されたというが、昔日の面影は跡形もなく、がらんどうのまま。空しく風が通り過ぎていく。……

## 一九四五年二月一三日

しかし、フラウエン教会だけが破壊されたのではない。ドレスデン市街地の七五%が瓦礫だらけの廃墟と化したのだ。

一九四五年二月一三日から一四日の両日にかけての、英米軍の無差別爆撃によってである。

その頃はヨーロッパの戦争も最終段階で、ドイツの敗北は、もはや疑う余地がなかった。同盟国のイタリアは、二年も前に白旗を掲げ、連合軍は破竹の勢いでベルリンへと肉迫していた。特に東部戦線におけるソ連軍の進攻はめざましく、赤旗をなびかせた大部隊はポーランドとドイツ国境のオーデル川岸まで進出していた。ベルリンへわずか六〇キロ地点である。

ドレスデン・フラウエン教会の残骸（1981年撮影）

ソ連軍の急迫で、一月段階からドイツ系避難民が国境を越えて、続々とドレスデンへと集中していた。ここだけはほとんど無傷の、また世に知られた文化都市だっただけに、血なまぐさい戦場とは無縁のように思われたのだろう。市民と難民とがひしめき合うその頭上に、想像を絶する火の雨が降り注いだ。焦熱地獄に次いで、逃げまどう人びとを狙い撃ちにする機銃掃射の弾丸が……。

一カ月後、アメリカ軍はアジアのファシズムの息の根をとめるべく、新鋭爆撃機B29をつかい、日本の首都東京を無差別爆撃の目標にする。ドレスデン同様に、いやそれ以上に、隅田川を中心とする東部地区が惨たる戦場となった。犠牲になったのは、主として女性や子ども老人たちなど、一般市民だった。

では、東京大空襲に先立つ英米軍のドレスデン爆撃は、なぜ、どのようにおこなわれたのだろうか。

## 爆撃の背景ヤルタ会談

一九四五年二月四日、というと爆撃より一〇日ほど前になるが、連合国三首脳が、ソ連領クリミヤ半島の港町ヤルタにやってきた。後のドイツや日本に、重大な影響を与えることになったヤルタ会談である。

その顔ぶれは、ソ連首相スターリン、アメリカ大統領ルーズベルト、イギリス首相チャーチルで、一週間にわたる会談はドイツの戦後処理や国際連合の問題のほか、日本への対策も討議された。三巨頭は、反ナチ・反ファシズムで合意はしていたものの、それぞれの立場と心中は三者三様だった。首脳たちはいずれも六〇歳を超え、長く続く戦争に疲労の色はかくせなかったが、もっとも鼻息が荒かったのはスターリンだったといわれている。

なにしろ、ベルリン陥落は時間の問題だった。ドイツ国会議事堂にひるがえるのは、星条旗ではなく、赤旗になるのも明白だったからである。

これに対し、会談の二カ月後に病死するルーズベルトの憔悴の色は濃かった。日本の降伏はまだかなり先と考えられ、それまでに米軍兵士の死傷者は五〇万人以上になろう、と予測されていた。だからスターリンに対して、ドイツ降伏後二～三カ月でソ連の対日参戦の約束をとりつける。もちろん秘密協定だったが、かわりにスターリンは、南サハリン（樺太）と千島列島をよこせと利権確保を主張してゆずらなかった。

出る幕がなかったのが、チャーチルである。もともとが反ソ・反共で、どうにも腹の虫がおさまらない。降伏後のドイツの処理問題と合わせ、勝利の分け前にあやかるためにも、できれば会談中にスターリンの鼻をあかすヒットを打たねばならなかった。

## 英米軍の無差別爆撃

チャーチルの指示を受けたイギリス爆撃軍団のA・ハリス司令官は、ヤルタ会談の前にドレスデン爆撃の準備を完了していた。しかし、もどかしくも足踏み状態だったのは、あいにくと悪天候続きだったからである。

ようやく、目標上空の雲が切れた。ヤルタ会談は幕を閉じたばかりだったが、それでも押せ押せで行けとばかりに、二月一三日午後六時、イギリス中部の航空基地に出撃命令が出た。

英空軍の第一次爆撃隊は、二四四機。目標はエルベ川沿いの旧市街地である。さらに一四日未明、第二次爆撃隊五二九機が連続波状的に目標へ殺到。四発のランカスター重爆撃機による二波に及ぶ夜間爆撃で、約三〇〇〇トンの爆弾・焼夷弾が、ドレスデン市内へたたきつけられた。

一四日零時過ぎ、今度は米空軍へバトンタッチだった。第八航空軍の爆撃隊B17三一四機が、護衛のP51戦闘機二〇〇機とともに出撃。七八三トンの爆弾投下のほか、至るところでP51の機銃弾が火をふいた。爆撃による大火災は、三〇〇キロの遠方からも見えたほどだという。

英米軍によるドレスデンへの投下弾は、総計三八〇〇トン近くになるが、これは同年三月一〇日東京大空襲のＢ29によるそれの二倍強である。市街地は四日間から一週間近くも燃え続けた。七五％が廃墟となり、人口約六〇万人のうち三五万〜四〇万人が住居を失って、罹災者となった。最大の犠牲ともいうべき死者数は、三万五〇〇〇人から二〇万人余まで、さまざまな数字が入り乱れている。

人的被害はもちろんのことだが、古都ドレスデンは、あまりにも貴重な文化遺産を失った。戦後二〇年をかけて復興したものの、旧状のまま忠実に再現できたのはツヴィンガー宮殿のほかそういくつもなく、ザクセン国王時代に建設された宮殿都市の完全再建には、ほど遠い。

たとえば、フラウエン教会だが、私の記憶の印画紙では、廃墟のままに焼きつけられている。戦争遺跡として、「戦争・破壊及びテロに対する警告の碑」なる標示が出ていたが、ほんとうは予算がなかったのかもしれない。

## 壁崩壊から一〇年目の町

ベルリンの壁が消えてから、ちょうど一〇年。いま旧東独地域では、あの爆発的な熱気はさめて、西との経済的格差の拡大に先行きの不安が増しているという。

九八年度の白書によれば、旧西独の年間平均実質所得が六万一八〇〇マルク（約三五〇万円）なのに対し、旧東独は四万七四〇〇マルク（約二七〇万円）で、西側の七割ちょっとでしかない。

失業率は西の七％に対し、東は一七％で、西の倍以上というわけである。外国人排斥などのネオナチ勢力が東側に目立つのも、失業や社会に対する若者たちの不満の現われとみることもできる。壁が

至るところガレキの山また山

なくなれば楽園かと思ったけれど、やっと手にした自由には生活的な不自由がついていたのだ。

失業や医療の心配がなく、つつましい生活ができた旧東独時代を、なつかしむ声もある。だからといって、当時に戻りたいとはならない。シュタージ（東独保安省）によって、常に監視される社会など、〝まっぴらごめん〟が本音だろう。

職場や地域にまで浸透していた密告・盗聴・監視活動などの実態を知ったのは、もちろん壁崩壊後だった。外国人旅行客も例外ではなかったはずだといわれるのだが、シュタージの気配は記憶にない。私なんかには用もなかったのだろうと思う。

ただ、あの時は清潔さにプラスして、どこかひっそりとしていた町並みが、今度は一変して騒々しくも俗っぽい空気になっている。

ドレスデンにきて特にそれを感じたのは、たまたま年に一度の市民祭だったこともあるが、各国からの観光客で大変な賑わいようだったからだ。中心地には露店が並び、立食いもできるし、なんと日本語の市内案内まで売っている。アコーデオンやバイオリンの街頭音楽家から、蛇使いに似顔絵書きまで、みんなせっせと陽気に稼いでいる。

その活気は申し分ないが、かつてのクラシックなムードはみごとに消しとんで、ごくありふれた商業都市にまぎれこんだ感じだ。

もっとも私の予約した安ホテルは、便利な旧市街ではなかった。北側のニュータウンの一隅だったから、殺風景でも落ち着けるのがいい。

そのホテルで、通訳のF子さんに会う。私の娘の友人で、ドレスデン取材の助っ人役である。ドイツ人と結婚したF子さんには、はるばる西側のボンからの出張だが、わが家に遊びにきたこともあったりして、気心の知れている方だ。年齢は知らないが、娘よりもちょっと上くらいだろう。「ついでがあったので、昨日からきてたんですが、昨夜は眠れませんでした。いろいろ読んだりしてて……」と、それにしては、一点のかげりもないさわやかな笑顔でいう。

「え、なんか、面白い本でも？」

「いえいえ。ほら、『生きているしるし』など、ドレスデン空襲関係の資料です。すごくこわかったわ」

「そういうのは、初めてですか」

「はい。だからでしょうか。大ショックで、明け方うつらうつらしたら、空襲の夢を見てしまいました」

　私は苦笑してしまった。「結構なことですよ。しっかりと追体験できたってわけですから」

「とても勉強にはなりましたけどね」

「でしょう。戦争体験のない人は学ぶ以外にないんです。体験者も総合的に知るには同じことですがね」

「ああ、それで……」

と、F子さんは、手元のバッグからファイルを取り出した。

「先に訳してきました。参考になりそうな体験記の、いくつかを。読んでいてもらえれば、何かお役に立つかと思いまして」

「それはそれは！　今夜にでも読ませてもらいます。もしかして、私もこわい夢を見ることになるかなあ……」

　事実、その通りになってしまった。次にF子さんの訳出した分から、二人の女性の罹災手記を紹介したい。

## 3　爆撃の惨禍を語りつぐ

**◆フラウエン教会**　戦前は絵のように美しいバロックの町並みだったノイマルクト広場に、〝石のつり鐘〟と称される直径二五メートルの大ドームを持つ立派な姿で建っていた。ドイツ最大のプロテスタント教会として建てるのには六一一八日もかかったのに、破壊にはわずか一夜しかかからなかった。戦争の悲惨さを伝えるために、廃墟のままの姿をさらしていたが、一九九四年に再建が始まった。（『地球の歩き方・ドイツ』ダイヤモンド・ビッグ社）

### Kさん（女性）の手記

一九四五年二月一二日、月曜日のこと、私は家で、母と一緒に洗濯をしていたのです。そこへユダヤ人管理団体から、一人の男がやってきました。ゲシュタポ（ドイツ秘密警察）は、いつも前面に出ることはなく、そうした団体の背後で目を光らせ、時には市長の後ろにさえついていたのです。

男は母に、二月一六日の強制収容所行きを通告しにきたのでした。私のほうはすでに郵便で、一三日午後にマテルニ通りの職業安定所に出頭せよ、の通知を受けていました。外国勤務のための身体検査とか記されていましたが、行ってみますとユダヤ人を片親に持つ人ばかりで、全員合格。（わかりきったことでしたが）やはり母と同じ日に出発、地獄行きなのでした。

警戒警報が鳴ったのは、職業安定所の帰り道です。私たち親子は、すでに覚悟を決めていました。自分たち自身で結着をつけよう、と。その夜、母は多くの書類を処分し、モルヒネを飲みました。が、うまくいきません。私たちは何度も家宅捜査を受けていて、見つからぬようにアンプルの中身を、小瓶に移し替えたりしてたから、効力が薄れてしまったのか。

母に続いていくはずだった私は、死ぬに死ねなくなりました。

ところが、その日の夜、かつてない猛爆撃がはじまったのです。ドカンドカンときて窓やドアが吹っ飛んでも、私たちには地下への避難は許されていない。二回目の爆撃は一四日の明け方でしたが、見るに見かねてか、地区の防空係員が早く地下室へと、声をかけてきました。

「どうせ死ぬなら、上でも同じことよ」

私は答えたものです。

死を決意した私には、爆撃の恐怖はなかったのです。でも、母はモルヒネのせいかふらふら。白目だけをむき出しにして失神状態になり、やっと気がついたのは二日後でした。

さあ、いよいよ出発日になりました。アウグスブルク通りの警察には、皮肉にも爆弾が当たってくれませんでした。母は今度はカミソリで首筋を切りました。血がどくどくとふき出してきても、まだ死ねない。私は、あわてて知り合いの医者を呼びにいきました。

破壊されつくしたドレスデン市街を一望する

先生は女装して（ユダヤ人の治療は禁止されていたので）駆けつけてくれたけれど、血みどろで呻く母を見て、

「ああ、なんてことだ。こりゃもう永眠させてやらなくちゃ……」

「永眠なんて、とんでもない。先生、早く早く傷口をふさいで！」

私は、さけびました。

母はベッドに横たわって、血みどろになりながら、ハッハッと荒い呼吸をしています。でも、なんとか一命はとりとめた様子、ああ、なんという時代だったことでしょうか。

## Gさん（女性）の手記

二月一三日夜、空襲警報が鳴って、地下へ避難しました。わが家は両親と姉のクリスタに、その息子の小さいミヒャエル、そして私です。

最初のうちはいつもと変わりなく、誰もが同じような思いでした。寒いので早く部屋に戻りたいなあ、と。でも、まもなく「敵爆撃編隊上空にあり」の知らせで、その数分後には、状況確認の必要さえなくなったのです。今度は自分たちの番だった！

爆弾が次つぎと唸りを上げてくる、ひっきりなしの炸裂音。ここだけを狙っているみたいな至近弾に、非常口の扉が吹っ飛びそう。私は必死に扉を押さえていました。

永遠に続くかと思われた爆撃にも、やっと終わりがきて、警報解除となりました。でも、火の手が迫っているので、ぐずぐずしてはいられない。

姉と私は、ひどい煙で窒息しそうになっているミヒャエルとともに、猛火を逃れていきました。その途中で、二回目の爆撃が始まり、通りすがりの家の地下室へ。火焔がおさまって、外に出た時の驚きと絶望といったらありません。

見なれた町もわが家も、完全に崩壊し、もうもうと黒煙を吹きあげていました。私はミヒャエルを抱え、瓦礫の山を越えていきました。燃えながら崩れ落ちる建物の下を、傷ついてよろめく人や、多くの死体のそばを走り抜けたりして……。

翌日、救助活動が始まりました。私は隊員に家の地下を掘ってと頼んだけれど、負傷者が大勢いるので、そっちが先だとのこと。収容された死体は、アルトマルクト広場に集められて、焼かれるのだそうです。

数日後、私は自力でわが家の瓦礫を掻き分けて、地下を調べることにしました。何人かの兵士が手伝ってくれました。瓦礫の山はまだ熱く、靴底が焦げてしまいそう。やっと地下室への入口を掘り当てて、弱々しいランプの光に照らし出された階段は、ああ、なんたることか。横たわる人、うずくま

空襲の犠牲者たち

る人、人、人……。衣服や頭髪はなく、触るとたちまち崩れるほど真っ黒焦げに、炭化しているのです。

そのうちの一体が、父だった。灰色がかった上着の袖でわかったのです。そして、横にうずくまるようにして、母が！　痩せて小柄な体型に、頭のかたち。あまりにもむごたらしい姿ですが、間違いありません。私は拾ってきたブリキの箱に、二人の灰をすくって入れました。私のかけがえのない人たちは、こんなになってしまって……。

身体中がガタガタと震えて、心臓が張り裂けんばかりでした。手伝ってくれた人たちは、声もなく、その場に立ちつくしていました。もう、これ以上は書けません。（『Lebenszeichen』樽屋文綺訳より）

## 橋を渡って旧市街地へ

翌朝、ホテルを出て、F子さんと一緒に旧市街地区へ行く。

目標はドレスデン空襲の象徴ともいうべきフラウエン教会と、戦禍の常設展示があるはずの宮殿だった。前者は二昔前の印象でしかないが、後者はごく最近の設置だから初めてである。

午後からは、ご当地の「二月一三日を記録する会」のメンバーと会う予定なので、先に現場を見ておきたいと思う。旧市街まで市電もあるが、散策もかねて徒歩にする。

道順は昨夜のうちに、市内地図を広げて、念入りに調べておいた。市の見どころはエルベ川を越えた先だから、それほどの距離ではない。ついでにKさんGさんの手記に出てくる地名を探したら、通りは見つからなかったが、アルトマルクト広場はすぐにわかった。

それは、旧市街地区のほぼ中央部にある。少年合唱団で有名な聖十字架教会と市庁舎のすぐ横だ。広場に戦災死体が集められて焼却されたとのことだが、手記を読み終えたあとだっただけに、惨劇が目に浮かんでくるかのようだった。

それにしても、Kさんの場合はユダヤ人問題がわからないと、理解しにくい面があるかもしれない。空襲の時点ではすでにアウシュビッツ強制収容所も解放されていたのだから、残されていたのはドイツ国内の収容所くらいだが、まだ強制移送続行とは、ナチの徹底したユダヤ人絶滅政策に身震いがする。

しかし、負けず劣らずとはいわないが、英米軍による市街地爆撃もまた、報復的なものだった。現代戦争は敵味方を問わず、その残虐性が限りなくエスカレートしていくのだろう。とりわけGさんの両親の場合は、あまりにも悲惨だった。

死体が黒焦げに炭化していたのは、地下室に侵入した猛火が白熱化し、さながら溶鉱炉のようになったのではないのか。東京大空襲でもそうした例があったが、ドレスデンの場合、英米軍の爆撃は三波に及び、戦略爆撃の道義性が問われるほどに執拗なものだったのだ。灼熱地獄で消火救出活動に当たる者までが第二次爆撃の目標となり、次いで第三次爆撃では、避難民への機銃掃射までおこなわれている。焼死、圧死、窒息死、中毒死、銃撃死と、さまざまな死者が出たことだろう。

さらにKさん親子のように、自死を試みた人もいたとはなんとも複雑で、どこまでを空襲犠牲者に入れるべきか、区分けがつきにくい。

そんなことを考えていたら、妙に頭が冴えてしまい、私もまた眠れぬ夜を過ごすことになってしまった。

しかし、真夏の直射光はまぶしいかわりに汗はかかず、エルベ川を吹く風は気持ちよかった。湿気が少ないので救われる。橋を渡って左へ、長さ一〇〇メートル余の壁画「君主の行列」の横を通り抜ければ、すぐフラウエン教会の残骸のはずだったが、それらしいものはなかった。

**戦跡は再建復興中**

かわりに、びっしりと足場の組まれた鉄骨の巨大な檻が、視界をふさいでいる。

教会が再建工事中なのは知っていたが、広島の原爆ドームにも似たシンボルは、完全に隠されてしまって、ちらとも見えなかった。天高く工事用のクレーンが動いている。

やれやれ、と舌打ちした。再建復興は結構なことだが、歴史を語りつぐ戦跡も消滅するのか、という失望感だった。

工事現場の中央部に、なにやらドイツ語の標示板が掲げられてあって、その下にシンボリックな金ピカ像が立っていた。あれは何かと、近くの露店のおばさんに声をかけてみた。小太りの女性は、日本人とみてか、身ぶり手ぶりを入れて熱っぽく話してくれた。

「イギリスから贈られたものですって。爆撃した兵士たちの、募金で作られたとか」

と、F子さんの説明である。

「へえ、そうなんですか。じゃあ、懺悔の追悼碑といったところかな」

「かもしれませんね。標示には、〝橋をかければ和解が生きる〞と書いてあります。つまり、和解の橋渡しにしよう、と」

「なるほど」

「おばさんがいうには、毎年二月一三日、爆撃のあった日には、教会周辺にたくさんのローソクがともされて、犠牲者の慰霊式があるんですって。統一後の話ですけどね。未来の戦争への警告もかねておこなわれるとか」

「いいことですね。それは……」

「それから再建工事ですけど、一九九四年から始まって、完成予定は二〇〇六年です」

「え？　まだ六年も先ですか」

「二〇〇六年が、ドレスデンの建都八〇〇年だそうです」

再建中のフラウエン教会

建設までに必要とした日数は六一一八日（約一七年）とガイドブックで知ったが、再建には一二年。またまた気の遠くなるような歳月がいるわけである。戦争の虚しさ愚かしさを伝えて余りあるが、その費用は、ほとんどが市民や諸団体、旅行者の募金でまかなわれるという。とすると、爆撃した元イギリス兵も応じているのか。追悼碑まで建てたのだから、そう考えてもよさそうだった。露店で売っている品物も、寄付金つきの記念品だとのこと。

早速に、絵葉書セットを何類種か入手した。市内旧跡の爆撃直後と現在とを対比した珍しい記録写真である。この種のものは東京にはない。通りすがりにすぐ手に入ること自体に感心しながら、ザクセン王の居城だったレジデンツ城へと足を向けた。

歩きながら、F子さんと話したものだ。空襲加害者たる元イギリス兵たちの姿勢には、同じ連合軍でもかなりの違いがあるな、と。

一〇〇万人が死んだ東京大空襲では、アメリカ政府はもちろんのこと、爆撃した関係者たちによる謝罪の意志表示はかつて一度もない。ヨーロッパとアジアの違いだろうか。ドイツとイギリスは目と鼻の先で、同じ白色人種だが、日本からのアメリカは遠すぎる。しかも、アメリカは戦禍のもっとも少ない国で、特に民間人の犠牲者にそれがいえる。おまけに覇権大国だ。まだ理由はいろいろあるが、それをつきつめているゆとりはない。

レジデンツ城は、あまりにも広かった。

城内といっても、どこに爆撃の常設展示があるのか、何度か聞いてみたが、さっぱり要領を得ない。

## ドレスデン爆撃の展示室

しかし、Ｆ子さんのおかげで、やっとのことわかった。高さ一〇〇メートル余もある展望塔のワンフロアだった。

そこまでいくには、美術工芸品などが並ぶ部屋から、五マルクを払ってエレベーターで三階へ。渡り廊下を歩いて、螺旋階段でさらに五階へというややこしい順路になる。車椅子の人はもちろんのこと、足の不自由な人ではとても無理だった。

ようやく探し当てたものの、展示そのものは意外にあっけないものだった。階段を中心にして、円形の壁面だけだ。それでも地域別に、写真と証言で爆撃の実態が構成されている。

民間の「二月一三日を記録する会」がまとめたもので、記録集『生きているしるし』の手記が、そのまま使われていた。

写真は、まさに徹底破壊という表現がぴたり当てはまる。石造りの堅固な建築物は、執拗な爆弾攻撃で外郭だけの廃墟になり、どこもかしこもうず高く瓦礫の山また山だ。路上もいっぱいで、足の踏み場もないほど。死体があそこにもここにも山積みされて、火葬されるシーンもあった。何層にも積み上げられて点火され、死臭がふんぷんと迫ってくるかのようである。アルトマルクト広場の修羅場だろうか。

パネルをカメラに収めておきたいが、階段の横に名札を胸につけた男が立っている。監視役も兼ねた学芸員だろう。写してもいいかと聞いてみた。

「ＯＫ。美術館だったら、そういうわけにはいかんがね」

赤ら顔で、頭髪のはげ上がった男は、黒髪で色白のＦ子さんが声をかけたせいか、ご機嫌でうなずいてくれた。

その笑顔にこれはいけそうだと思った私は、たたみこんで質問してみた。ここには毎日何人くらいが見にくるのか、と。

「まずまずだよ。みんな塔の上まで行っちゃうから、ほとんど素通りだね。特に若い者はね。でも、立ち寄る人には説明しているよ」

「夏休み中ですが、先生方が、生徒を連れて学習にという例はありますか」

「ないわけじゃないが、何しろ昔のことだ。関心は今ひとつだ」

「そういうあなたは、爆撃の体験者なんですか」

「当時八歳だった。祖母が犠牲になったんだ。祖母はフラウエン教会の近くに家があって、わしは母と一緒に遊びに行ったんだ。郊外の家からな。それが二月一二日さ」

「え？　空襲の前日ですね」

「うむ。泊っていけといわれたが、家へ帰ったんで命拾いした。おばあちゃんの遺体は、とうとう見つからずじまいだった」

ドレスデン爆撃の常設展示室にて

「それはそれは！　その爆撃の死者数ですが、三万五〇〇〇人から、いろいろまちまちですね。どういう数字で説明してますか」

「三万五〇〇〇人というのは、登録された死者数で、避難民は人口の倍ほどにもふくれ上がっていたんだ。その死者数はわからん」

と、顔をしかめて、右手を振った。

「含まれない、ってことですか」

「そういうことだ。当時はナチスの時代だった。連合軍もこんなひどいことをしたんだとばかりに、宣伝相のゲッベルスが大げさな数字を発表したんだ。それが混乱の元さ」

「なるほど」

私はうなずいた。どうやら、彼のいうことがもっともらしいと思う。死者数は三万五〇〇〇人以上とでもするしかないのだろう。

　お名前はと聞くと、レフラーと名乗った。レフラー氏は東独時代には、ソ連関係の軍需工場で飛行機製作の仕事に忙し

爆撃の実態を説明するレフラー氏。左は通訳の樽屋文綺さん

かったが、壁崩壊であっさり失業。やっとこの仕事についたが、それもあと四日で定年を迎えるとのこと。四日だよと四本指を立てた。定年後もここで説明をするのかと聞くに、

「ノー。あとは植木でもいじって、ゆっくりしたいよ。なにしろ四九年も働いてきたんだからな」

といって、ぐわッはは……と笑った。解放感のある笑いだった。

もう少し突っ込んで聞きたいところだったが、あとは本で調べてみてくれ、もう交替の時間なんだよと腕時計を指さして、螺旋階段へ消えていった。

## 空襲犠牲者たちの墓地

常設展示を見たあと、展望台のバルコニーまで上がってみた。

市内の最高所だから、町並みが一望に俯瞰できる。快晴だったせいもあって、エルベ河畔の「百塔の都」は実にみごとな眺めだった。バルコニーは、塔の周りをぐるりと一巡で

いまに残るドレスデンの廃墟

きる。しかし、よくよく見れば意外な発見もあるもので、まだあちらこちらに、焼け落ちた残骸をむき出しにした廃墟がある。戦後半世紀余も、放置されたままなのには驚いた。

いくらなんでも、東京にはそういう廃墟は現存していない。フラウエン教会はせっせと再建工事中でも、由緒ある歴史的な建造物以外は、まだまだ手が回らぬということなのだろう。

そういえば、爆撃の常設展示もまったくつつましいもので、壁面のパネルだけだ。戦災物品類は何もない。展望台へ登る人が通り過ぎてしまうのも無理はなく、城の入口にその標示さえもない。何度か聞いても迷いに迷って一汗かいたほどだから、現地の方でも、おそらく知る人ぞ知る存在ではないのか。

爆撃直後と現在とを対比した写真セットが露店ですぐ目につくのに、独立した戦災記念館がないのも矛盾した話である。

もっとも、だからこそ「一九四五年二月一三日を記録する会」の活動に意味があるわけで、戦禍を風化させてはならじ

ドレスデン空襲を記録する会の体験者と

と、有志たちが少人数ながらけんめいに努力してきたのだろう。ほんとうは国や自治体がやらなければならない歴史の継承活動を代行している点では、わが「東京空襲を記録する会」と共通しているが、しかし異なる部分もあった。

「私どもの会は……」

と、午後からの交流会で、メンバーの一人が言ったのが心に残った。

「今のうち戦災体験の記録を残しておかなければ……という一青年の呼びかけから発足しました。八五年のことで、彼マティアス・ノイツナー氏は二五歳でした。大学生で爆撃についての翻訳にかかわったことから関心を持ち、歴史的な事実をきちんと把握しておこうと、新聞に投書したのです。

小グループで体験者の聞き取り調査に駆け歩きました。手記や写真を集めたりもしましたが、本格的に動き出したのは、やはり統一後のことでして、すべてはこれからなのです」

あいにくとノイツナー氏はバカンス中で留守だったが、二五歳の青年が「記録する会」を呼びかけて発足させたとは驚

ドレスデン空襲犠牲者の碑

きで、実にたのもしい限りである。日本でもそうあってほしいもの。会の皆さんとは、民間レベルでの今後の交流を約束し、何枚かの貴重な写真を提供してもらったりして、心あたたまるひとときだった。

ドレスデンを去るに当たって、郊外のハイデンフリートホフ墓地にある犠牲者たちの記念碑まで足を延ばしたが、次の一文が刻まれていた。

一体何人が死んだのだろうか
誰がその数を知っているのだろうか
君の傷の深さを
君たちの苦痛の重みを
人間の手によってなされた
地獄の炎のなかで
燃やされた君よ
人びとよ！

## 4　「エルベの誓い」の明暗

**◆出会いの握手**　この橋の出会いに関しては、いろいろな文書が残されている。シワシュコは「橋の上の真ん中で我々は向かい合い、手を握り合った」といい、ロバートソンとペックは、「向こう側から橋桁を越えて一人のロシア兵が近寄ってきた」としている。ペックはさらに「橋桁が狭く、バランスをとって川へ落ちないようにするのが容易でなかった。しかし、我々はロシア軍隊の歓迎する東側へたどり着くことができた。我々はみな握手したり肩をたたき合ったりした」と語っている。（『トルガウ市史』）

**◆同市の名誉市民に**　第二次大戦末期に東西からドイツに進攻した米軍とソ連軍が初めて合流したエルベ川のほとりにあるザクセン州トルガウ市で二五日、両軍合流五〇周年を祝う式典が行われ、最初に握手を交わしたウィリアム・ロバートソン元米軍少尉（七一）とアレクサンドル・シワシュコ元ソ連軍少尉（七三）に、同市の名誉市民の称号が与えられた。（「朝日新聞」95・4・27）

**◆最初の接触**　公式の歴史では最初の接触はトルガウとされているが、実際にはそれより先にシュトレーラーで両軍が出会っている。これはアメリカ軍司令部の勘違いによるもので、最初に接触に成功した兵士たちは叙勲も昇進も受けなかった。米ソ両軍の出会いは「エルベの誓い」として有名になったが、その友好関係も戦争が終結するまでの話だった。(『グラフィックアクション・ドイツ１９４５』文林堂)

## その日その時日本では

通訳のＦ子さんとも別れて、いよいよトルガウへ向けて出発する。

ドレスデンの西北七〇キロ地点だ。エルベ川沿いに走って、車でおよそ二時間で到着できるはずだが、私の頭はまだ昨日までの取材のあれこれが整理もできず、ごちゃまぜになっている。

取材ノートの整理は、どっちみち帰国してからになるが、ドレスデン爆撃がおこなわれた頃、さて日本はどうだったのだろうか。すでに東京も連日連夜にわたるＢ29の空襲下にあったが、車窓の風景に目をやりながら、あれこれと考えているうち、「そうだ！」とふいに思い出すことがあった。

歴史的な文書とされる「近衛上奏文」が、天皇に提出されたのが、ちょうどドレスデン爆撃と同じ二月一四日だった！

「敗戦は遺憾ながら最早必至なりと存候、以下この前提の下に申し述べ候……」

元総理で重臣・近衛文麿は、「国体護持」のために、軍の急進派を押さえて一日も早く戦争終結をと、天皇への上奏＝直接に意見を具申したのである。

しかし、天皇は「もう一度、戦果をあげてからでないとなかなか話はむずかしいと思う」(『侍従長の回想』講談社）と答えている。

天皇をはじめとして、日本の戦争指導部は、その数日前のヤルタ会談による米ソの取引き内容には、通じていなかったらしい。すなわちドイツ降伏から三カ月後に、ソ連が対日参戦するということである。もしこれを日本側が知り得ていたら、事態はどう動いていたか。

ひょっとして、近衛の上奏は実を結んだかもしれないと思われる。

この時点で戦争が終わっていれば、約一カ月後の東京大空襲はもちろんのこと、沖縄の地上戦も、広島・長崎の大惨禍もなかった。そして、ソ連の参戦も。「撃ちてし止まむ」「一億玉砕」を合言葉にした日本の徹底抗戦に対し、それでは同盟国のドイツはどうだったのだろうか。

三月一九日、ヒトラーは、その生涯で最後の重大決定ともいうべき「焦土命令」を出している。いっさいの軍事、工業、運輸、通信施設とともに国内の何もかも、敵に無傷で渡さぬように完全破壊すべし。「戦争に敗れたあとまで生きのびるドイツ人は、ことごとく弱者で価値はない。誇りあるドイツ人はみな死んでしまったのだ」と。

しかし、シュペーア軍需相は総統命令を聞き流して、逆にこれを阻止する側に回った。いや、実現はしなかったが、ヒトラー暗殺まで企てた。もしもシュペーアがいなかったとしたら、ドイツの悲劇はさらに限りなく深刻なものになっていただろう。

歴史にもしもという仮定は無意味だが、ドレスデン爆撃日から四月二五日の「エルベの誓い」までの背景を、日付け順にメモしながら考えざるをえなかった。そうして、トルガウへ入るのも、まんざらではないように思えたからである。

途中、マイセン市で小休止した。

中世の面影が残る小さな町だ。陶器で世界的に知られているが、ここにもフラウエン教会があるのに気づいた。石畳のきれいな広場で、熱いコーヒーを一杯。マイセン焼きの磁器工場にも寄りたかったのだが、また車に飛び乗って、エルベ川沿いの道に出る。

車は小気味のいいスピードで走った。

申し分のない快晴だ。エルベ川で米ソ両軍が出会ったのも、こんな空の下だったのだろうか。ふと、遠い記憶からしわがれた声が甦ってきた。モスクワで会ったゴルリンスキー氏の、あの声である。

「トルガウが、私を待っている。毎年その日に、思い出の地で交歓することになっているんだよ……」

## 最初の出会いはその前に

若きゴルリンスキー氏が遭遇した「エルベの誓い」には、実はいろいろと不明な点が少なくない。なにしろまだ戦争中だった。敗走したドイツ軍によって、橋が爆破されたのは二日前である。敵の狙撃兵がどこかにひそんでいる可能性があったし、双方に言葉の壁があったから無理もないのだが、最初に握手を交わした両軍の代表は、ロバートソン米軍少尉とシワシュコソ連少尉だった、という。事前に取り寄せた『トルガウ市史』にも、そう書かれている。

出会いの場所が橋桁の真ん中だったか、途中だったかは確定できないものの、見なれた例の写真はまさしく橋桁の上だ。爆破されたのはアーチ型橋の中央部分だったから、やはり真ん中だろう。しかし、写真の兵士たちの氏名は不明で、右のご両者は入っていない。

それ自体奇妙なことだが、「歴史的瞬間」の出会いはほんとうはその前にあった、というのが事実らしい。以下、出会いに至るまでの米軍偵察隊の動きを、複数の資料を照合しながら、時間とともに追ってみよう。

四月二四日昼頃、ライプチヒ東方のトレプセン市付近に陣地をかまえた米第六九師団第二七三歩兵連隊は、アルバート・コツビュー中尉ほか二八人のパトロール隊を、エルベ川に向けて出発させた。ジープ七台だった。目的は、かなり接近しているはずのソ連軍の動向調査である。

しかし、道路はおびただしい数の避難民と、収容所から解放された人びとに、疲れきったドイツ軍捕虜たちの絶え間ない行列で、走るに走れない。

村々には降伏の白布が出ていたが、住民の動きはなかった。すでに避難したか、あるいは家族中が毒をあおって死んでいる例もあった。したがって特に抵抗はなかったのだが、ぐずぐずしているうちに夜になってしまい、キューレンという小さな町で夜を明かした。予定の距離の三分の一ほどしかきていない。

四月二五日早朝、コツビュー隊は、キューレンからエルベ川に向かって前進した。

ほとんど同時に第二七三歩兵連隊では、右のコツビュー隊のほか三組の偵察隊を出発させている。

が、二組は途中で引き返し、エルベ川まで到着したもう一組がフルツェン市発のロバートソン少尉と部下三人。こちらはジープ一台きりだった。

一一時半、コツビュー隊は、シュトレーラ村近くで、馬に乗ったソ連兵を見る。一人きりで、部隊からはぐれた様子。言葉も通じなくて、あたふたと走り去った。

正午頃、ようやくエルベ川に到着した。対岸に軍服姿の一群を目にした。中尉は相手からの発砲がないのでソ連軍と判定し、兵五人と小舟に乗って対岸へ。

米軍偵察隊エルベ川への進路
児島襄『第二次世界大戦ヒトラーの戦い』(文春文庫)から

東岸にたどりつくと、三人のソ連兵が出迎え、いっせいに握手を求めてきた。ソ連側は第五八師団第一七五連隊の先遣隊だった。時に午後零時三〇分。

その頃、ロバートソン隊は、エルベ川に近い村まできていたが、解放された英軍捕虜とのやりとりに手間取っていた。偵察隊なので、司令部あてに情報を逐一無線機で連絡しなければならなかったからだ。さらに北東にジープを走らせて、エルベ川岸のトルガウ市に進出したのは、午後三時半頃である。

対岸に数発の銃声が起こった。案内役を買って出た住民が、あれはソ連兵だと告げた。

両軍の接触には、戦場での混乱防止に、発煙信号弾を打ち上げる約束になっていた。ソ連軍が赤、米軍が緑と決められていたのだが、あいにくと一発の持ち合わせもなかった。まさか自分たちがその任にあたることになろうとは、想像外だったからである。

**ジョセフ・ポロウスキー**

仕方がないので、ロバートソンたちは古城の塔にのぼって、星条旗を振った。相手方もようやくわかったらしい。東岸のソ連兵が川岸に集まってきて、何か口々に叫んでいる。手を振る者もいる。少尉たちは、爆破された橋に向かって走った。

水面に突出した橋桁をつたわって、東側からきたソ連兵と出会い、握手を交わした。午後四時半だった。

四月二七日、米英ソ三国政府による米ソ両軍の結合が発表された。ニュースはたちまちにして世界中を駆けめぐったが、ソ連軍と最初に合流した栄誉は、ウィリアム・ロバートソン少尉に与えられた。それより四時間も前に感動的な握手をしたコツビュー中尉と隊員たちは、ついに歴史の舞台に上がることはなかった。

米軍司令部がうかつにも取り違えたものだったが、戦場ではよくありそうなミスである。前述の『トルガウ市史』によれば、その後のロバートソンは、ロスアンゼルスで外科医になったという。そこまで書いてある。コツビュー中尉の記述は何もない。

しかし、コッビュー中尉には、行動を共にした偵察隊員のなかに、奇特な部下がいたらしい。その兵士の名前は、ジョセフ・ポロウスキー。彼は帰国してから『エルベの誓い』なる記録をまとめたとで、知る人ぞ知る存在となった。といっても、それは一冊の単行本なのかどうか、邦訳本は出ていないので、日本語で読むことはもちろんのこと、出典があきらかでない。こちら、英語に弱いせいもあるが、まだ検索ができていない。

では、そんな私がなぜポロウスキーの名を知ったかといえば、たまたま切り抜いておいた新聞記事からである。

ちょうど、モスクワでゴルリンスキー氏の話を聞き、「エルベの誓い」に興味と関心を持ってから、まもなくやってきた四月二五日だった。だからというべきか、ふと広げた新聞の小さな記事に注目したのだった。

それが戦後四〇年目（一九八五年）とあって、現地ではゴルリンスキー氏も参加して、盛大なイベントとなった。「40年ぶり〝エルベの出会い〟米英仏ソの元将兵含む二万人」と、朝日新聞（85・4・26）に報じられている。二万人とは市民も参加してだろうが、ものすごい数である。さぞかし劇的な再会の握手が交わされたことだろう。

右の記事によれば、ハルテンフェルス城を望むエルベ川のほとりが、その中心舞台だった。記念碑の前に星条旗とソ連旗がはためき、ポロウスキーがシカゴで創設した「平和のための退役軍人の会」のメンバーらが、多くは夫婦連れで思い出の地を訪れたとある。

40年ぶりに集う米ソの元兵士（『朝日新聞』1985・4・26）

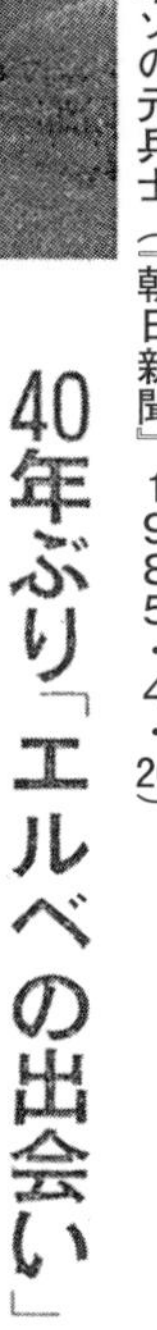

# 40年ぶり「エルベの出会い」

## 米英仏ソの元将兵含む二万人

【ボン二十五日＝堀井特派員】第二次大戦の欧州戦線で、共にナチスドイツと戦った米軍とソ連軍が、劇的な握手をかわしたエルベ川のほとりで二十五日、四十年ぶりの出会いがあった。

「ドイツの地から二度と戦火を起こさない」と誓う東独の肝いりで催されたこの行事は、さきごろ東独内で米軍将校がソ連兵に射殺される事件があったため、米国政府から公式参加をボイコットされたが、米英仏ソ各国の元将兵ら約五百人を含む約二万人が参加して、予定通り行われた。

再会の地は、ベルリンの南約百キロの小都市トルガウ。ハルテンフェルス城を望むエルベ川のほとりには、記念碑が建ち、星条旗とソ連旗がはためいている。有名な「エルベの誓い」の著者、ジョー・ポロウスキーは八三年に死亡し、その遺志でこの地に葬られた。

この日の参会者は、ソ連からは二十数人だったが、米国からは約二百人。ポロウスキーがシカゴで創設した「平和のための退役軍人の会」の会員らが、多くは夫婦連れで思い出の地を訪れた。



25日、東ドイツのエルベ河畔の町、トルガウで40年ぶりの再会を喜ぶ米ソの元将兵たち＝AP

### 大規模な核実験

#### ソ連が今年2度目

【ストックホルム二十五日＝ロイター】スウェーデンのウプサラ大学地震研究所は二十五日、ソ連が同日カザフ共和国東部にあるセミパラチンスク核実験場で、大規模な核実験をした、と発表した。

この核実験はことし二度目。

そして、そのポロウスキー自身は二年前の「八三年に死亡し、その遺志でこの地に葬られた」とのこと。

はてな、と私は首をかしげたものだ。シカゴ在住だったらしい元米兵が、「この地」トルガウに「葬られた」とは、一体どういうことか。

短かな記事は結果だけを報じているから、原因とかプロセスはない。

元米兵は、なぜそんな心境になったのだろうか。もちろん「エルベの誓い」と密接な関係があったのは確かだろうが、それはどのようなものだったのか。葬られてからすでに一五年も経過しているが、ポロウスキーの墓は現存しているのか、どうか。

そして、旧東独が「壁」とともに消滅した現在、歴史的な現場は、どうなっているのだろうか。

## 5　不戦と友好の町トルガウ

**◆ライラックの花**　それは、まさに信じがたい光景だった。エルベ川の近くまで来ると、いたるところ咲き乱れるライラックの花。陣地戦に継ぐ陣地戦で、出口のまるで見えなかった長い長い暗闇のあとに、生きることの感動で、最高に胸がときめいた瞬間だった。（『Yanks treffen Rote』収録のポロウスキーの手記、樽屋文綺訳より）

### ウルリケ嬢とシェジナー氏

トルガウに着いた。とにかく、小さな町である。

エルベ川の岸にそびえ立つメルヘンチックな古城を基点にして、西に開けた市街地は、おそらく一キロ四方あまり。車で走れば、すぐに突き抜けてしまう感じ。

まずは、市の西北に面したホテルセントラルへ。名前こそ一人前だが、いかにも場末の頑丈そうな木賃宿的ホテルで、入口の木製ドアを開けて入ると、すぐ鼻先にフロントがあって、壁に骨董品のようなルームキーがいくつかぶらさがっている。

ひだりからシェジナー氏、ウルリケさんと著者

その右横がレストラン。といってもミニ食堂で、出迎えのお二方に会う。

少し日本語のできるライプチヒ大学三年生のウルリケ・エルメル嬢と、その恩師で、戦争中のことにくわしい元英語教師のヘルベルト・シェジナー氏だ。ウルリケさんとは初めてではない。三カ月ほど前に、東京・赤坂のドイツ政府観光局で会っている。トルガウについて問い合わせたのがきっかけで、特にそれらしいものはないけれど、ちょうど現地からの実習生がきているので、よかったら紹介するとのことだった。

願ってもない話で、まもなく帰国する彼女に、トルガウで「エルベの誓い」についての資料やら案内をぜひと頼んだのだ。

「こんにちは！」

と日本語で挨拶した彼女は、再会のせいか、にこやかな白い歯並みだった。

ややボーイッシュな断髪だが、季節が夏に変わっていたせいか、みごとなプロポーションである。

白髪でおだやかな表情のシェジナー氏は、ウルリケ嬢にいわせると、趣味みたいに「エルベの誓い」にのめり込んでいる方だそうだ。そのことで海外からツーリストがくるたびに、案内したり解説したりしているという。

「でも、日本からの客人は非常に珍しい。これが二回目ですよ。一回目は一〇年以上前になるが、日本のテレビ局の取材でした」

「そんなにも前ですか。関心のある日本人がきたのは……」

「だから、テレビ局の人に聞いたのです。取材の目的をね。そしたらクイズ番組だという」

「クイズ？　なるほど」

「そう、世紀のハイライトとかいってね。ここで何があったんでしょうってわけですかな。そりゃいいアイデアだといってやりましたがね。はっははは……」

と、にこやかに笑う。庶民的な人柄に加えて、教え子の紹介ということもあるのだろう、会ったとたんから、初対面という感じがしなかった。

「日本のテレビは、クイズばやりでしてね。なんでもかんでも、はい、ここでクエスチョンですというわけです。広く浅くいこうといわんばかりに、右へならえですよ」

といいながら、私はふと気になったものだった。ドイツ人にとっての「エルベの誓い」は、つまり敵兵同士が合流したことになるわけで、さてどんな感じになるのかなあと。少なくとも、日本人の私が考えるほどには、客観的になれないはずである。そのことは、もう少し先へいってから、聞く機会があるかもしれないと思う。

「もしお疲れでなければ……」

と、シェジナー氏は切り出した。

「先に、ちょっと現場を案内するとしましょうか。なに、歩いてもたいしたことはありません。観光客もこない小さな町ですが、歴史はやたらと古くて、それなりの味というか風情があると思いますよ」

## 中世の面影を残す町

トルガウは、人口二万人ほどのミニ都市だが、私の第一印象は、中世のたたずまいを残したのどかな、そして静かな町並みだった。

高層ビルは皆無で、三階建てくらいの集合住宅が並ぶ。白、クリーム、グレーとその壁の色はさまざまだが、屋根は三角形に尖っていて、たいてい赤か薄茶だ。その色合いがよく調和されていた。ベランダに添えられた花々も、通行人の目を楽しませてくれる。

大は小を兼ねるというが、都市に限っては決してそんなことはない。小さければ小さいなりに、古ければ古いなりのよさがあるのだと思う。

道を歩いていて、なんとなくゆっくりした感じになるのは、歩道橋とか電柱がないせいもある。かわりに古風なカンテラが一定間隔で並んでいて、こまかな敷石の道だった。コンクリートを流しこんだだけの道路とちがって、町造りには大変な手間ひまがかかったにちがいない。

お二人の説明によれば、トルガウは約一〇〇〇年の歴史があるが、コロンブスが新大陸を発見した一五世紀末あたりから、町らしくなってきたという。ザクセン王国でもっとも大きく、近代的なハルテンフエルス城がエルベ河畔に建設されてからは、社会的文化的中心地の城郭都市として栄えた。

当時の人口は三〇〇〇人ほどだったが、城ができて倍以上にふくれ上がった。城では議会や競技大会、花火大会も開かれ、皇帝の結婚式には人口と同じ三〇〇〇人もの客が集まったという。

城の完成に先だって、その隣接地に最初のプロテスタント教会ができたが、同教会は、宗教改革の先駆者マルチン・ルターによって奉献されたもの。

時のローマ・カトリック教会に対して、その世俗化と堕落ぶりを批判し、不退転で闘い抜いたルターの役割は大きい。破門され追放されても、幽閉中に新約聖書のドイツ語訳を成しとげている。ルターは元修道女カタリーナと結婚したが、彼女が眠るセント・マリーズ教会が、エルベ川に出る道の途中にあった。

現在のトルガウは、二八〇〇もの個性ある建築物によって、中世の面影を代表する国際記念建築都市に指定されているのだという。

「しかし、壁崩壊からは状況が変わりました。若い人が出ていってしまうんですな、西へ西へと。これぞという企業もなく、旅行者もこない町では、人口は減るばかり。今は二万人を切っていると思いますよ。自由の代価は、決して小さくはないというわけです」

歩きながら、シェジナー氏が含みがちの声でいった。教え子も黙ってうなずく。そうか、やっぱり伝統のある落ち着いた町並みに何かが足りないと気になっていたが、それは活力とか若さといえるものかもしれなかった。

……と私は思う。

### 出会いのモニュメント

ルネッサンス風のハルテンフエルス城は町一番の高所で、教会堂の尖塔（せんとう）がぐんと屹立（きつりつ）し、どこからでも見える。近づいてみると、かなりの高さだ。その横の小道を抜けると、視界（しかい）がにわかに開けた。エルベ川だった。対岸が田園地帯のせいか、たっぷりとした水量で気持ちよく流れている。すぐ南に、見るからにスマートな新しい橋が東岸へ伸びているが、一見してのっぺらぼうで、面白（おもしろ）みに欠ける。

こちら側の堤防（ていぼう）上は、樹陰（こかげ）も涼しそうな遊歩道になっていた。古城を背（せ）にした広場正面に、威風（いふう）堂々（どうどう）たる碑（ひ）があった。高さ一〇メートルほどもある石造りで、それが「エルベの誓い」のモニュメントだった。

ああ、これがそうか。とうとう歴史の現場までできたか、という思いが胸にこみ上げてきた。

「一九四五年四月二五日、この地でソ連赤軍と米軍が邂逅（かいこう）す。ファシスト・ドイツに勝利した赤軍と、英雄的（えいゆうてき）な連合軍の勝利のために」

と、刻（きざ）まれている。ロシア語である。

戦後すぐにソ連によって建立されたものだそうで、碑の真上にはソ連国旗と星条旗を左右にして、何本かのたてかけた銃が浮き彫りにされている。武器はもういらないと、不戦を象徴しているのだろう。ベルリンの壁崩壊のあと、よくぞこんにちまで無事に残されたものだと思う。

モニュメントと向かいあう堤防の一部が水面に突出していて、ちょっとしたバルコニー風になっている。子どもが遊び、若いカップルが堤防の上に座って、のんびりとくつろいでいる。川面からの風はさわやかで、なんとも平和そのものである。

「そこが、出会いの橋のあったところですよ。橋桁だけを記念に残して、その上を、こんなふうにね」

と語るシェジナー氏の頬に、木漏れ日がちらついている。

「橋そのものを残そうという声もあったんですね。平和と友好のしるしに」

「そうそう。何度か補修して持ちこたえてきたんだが、人が通るのがやっと。車はダメでした。それじゃどうしようもないとあって、新しい橋ができると、もう用ずみってわけですな」

「前の橋は、たしか鉄橋式のアーチ型では……。なかなか風格があったんじゃないですか」

「その通りです。よくご存知で。その中ほどが爆破されたわけで、ほら、これを見てください」

## やらせの写真だった

樹陰の下に、記念の案内板があって、破壊された旧橋の写真入りになっている。こちら西側から写

トルガウの「エルベの誓い」記念碑

されたもので、よほど強力な爆薬が仕掛けられたものか、鉄骨がぐにゃぐにゃに変型し、その一部が水面に没している。

対岸は森林地帯で、建物らしいものはない。現在と変わりない眺めなのだが、ソ連側が高射砲陣地をかまえていた地点である。モスクワのゴルリンスキー氏も、あの森のどこかに息をひそめていたのだろう。

「出会いの有名な写真は、橋桁の上で写されたんですね」

念のために、私はたずねた。

「公式には、四月二五日、握手の瞬間にパチリということになっている。ところが、あれは次の日に写されたものでしてね」

「え、そうなんですか」

「ま、いうなればやらせですが、戦争中だから、仕方ありませんな」

はっははは……と笑い、ウルリケさんに持たせてきた資料から、出会いの写真を手に広げて見せながら、

「実は、この背の高い真ん中の米兵は、デルバート・フィル

ナチによって爆破されたトルガウにかかるエルベ川の橋

ポットといいます。彼はね、壁崩壊後にトルガウへやってきた。そして、これは自分だという。ご冗談でしょうといったら、サインをしてくれました」

「へえ？　そうだったんですか」

「彼は当時二一歳でした。いろいろ話してくれましたよ。以来、親交が続いていますが、今はカリフォルニアに住んでいる」

「ああ、それで写された日がわかった、と」

「そうそう。それからね、最初の出会いは橋桁の上じゃないんです。ここから南へ三〇キロばかりの地点でした。トップを切った米兵は通称ジョー。ジョセフ・ポロウスキーといって、ほら、この人ですよ」

またまた広げたページの写真を、指で示した。

「やっぱり……」

と、私は目を見張った。現地までできただけのことはある。こんな貴重な写真があったのだ。見たいもの知りたいことばかりで、私の声は無意識にはずんだにちがいない。

エルベの誓い。米ソ両兵士が握手。左から２人目がフィルポット氏（1945年）

「この人が、そうなんですか。ポロウスキーは、なんでまた、ソ連兵と一番に握手を？」

「中隊で、彼だけがドイツ語に通じていた。だから、偵察隊の先陣になったわけですな」

「そのポロウスキーこと、ジョーのお墓もあるとか」

「ええ、後でご案内するつもりですがね。彼の名前のついた学校もあります」

「学校？　こちらではそんなに知られているんですね。なぜ彼はトルガウに墓が？」

たたみ込むような質問に、氏はちょっとたじろいだふうだったが、何もそうあわてなくてもといわんばかりに苦笑した。横でウルリケさんも、うふふっと白い歯をのぞかせている。

ジョーこと、ポロウスキーについては資料不足で、わからないことばかりだった。だから、なおさらに知りたくもなるのだ。しかし、それには半世紀余をさかのぼらなければならないようである。

以下、シェジナー氏の説明に、氏から提供を受けた『Yanks treffen Rote』などから、ジョーの足跡をたどってみよう。

## ライラックの花盛り

一九四五年四月、ナチス・ドイツ軍は終末期で、もはや完全に浮足立っていた。ドイツ国内でかれらを南北に二分すべく、エルベ川に向けて米ソ両軍が迫っていたトルガウでは、四月一三日、ドイツ軍が住民に対し避難命令を出している。

ヒトラー指令ではあくまでも徹底抗戦の構えだったが、弾薬も補給も尽きていたから、戦う術はなかったのだ。

二三日、ほとんど無人と化した町に、ソ連ウクライナ第一師団による砲弾数発が炸裂。ソ連軍急接近にあわてふためいたドイツ軍は、エルベ川にかかる橋を爆破して、われ先にと退却した。ソ連軍は、東岸で米軍の到着を待つことにした。

二四日、第六九師団第二七三歩兵連隊第一陣、A・コッツビュー中尉ほか二八名が、トレプセン市からエルベ川に向けて出発した。そのなかにドイツ語のわかるジョーこと、ポロウスキー二等兵もいた。

二五日、コッツビュー隊は途中のキューレンからさらに前進し、一方、並行してロバートソン少尉の一隊がトルガウへと向かう。ここまでは前述のとおりである。

さて、そのあとだが、エルベ川までたどりついたジョーが目にしたのは、快晴の陽光をあびて「いたるところに咲き乱れるライラックの花」盛りだった。薄い紫色のリラの花のことだが、それはよほど印象的だったのにちがいない。「生きることの感動で、最高に胸がときめいた」と、彼は書いている。

エルベ川は、流れも速く、雄大な眺めだった。コツビュー中尉が緑色の発煙信号弾二発を打ち上げた。対岸で、しきりと手を振る者がいる。ソ連兵だ。こっちへ来いと手招きしているが、どうやって川を渡ったらよいのか。橋という橋はみな壊滅状態で、水面にわずかな残骸を出すだけだった。

しかし、よくよく見ると、こちら側に小舟がつながれている。コツビュー中尉とジョーを含む六人が、それに乗り込んで、やっとのこと東岸へたどり着いた。

ところが、少し先で三人のソ連兵がうろうろと、何かためらっている様子。さっきはもっと大勢いたはずなのに、何をしているのだろうか。以下は彼自身の回想記である。

**ポロウスキーの手記**

理由はすぐにわかった。川岸は五〇ヤード（一ヤードは約九一センチ）にもわたって、文字通り、死体で覆い尽くされていたのだった。

薪のように累々と折り重なっている女、年老いた男、そして子どもたち。一人の小さい女の子が片手に人形を握りしめていたのが、今でも目に焼きついて離れない。五歳か、せいぜい六歳くらいであったろうこの少女は、もう一方の手で母親にしがみついているのだった。

一体何が起こったのか？　知っている者は誰もいなかった。

近くの橋は破壊されて、少なくとも二、三日は経っていた。ドイツ軍が撤退の際に爆破したのか、連合軍の爆撃によるものなのか。しかし、川岸の惨劇は、おそらくソ連軍の遠隔砲撃によるものだろう。こちら一帯は低地なので、ソ連軍からは、こんなにいた多くの一般市民は見えなかったにちがいない。つまり事故だったのだ。この戦争中、なんと多くの事故が起きて、罪もない人たちの命が奪われたことだろう。

一面に横たわっている死体は、われわれのほうにこようとするソ連兵をひるませた。そこで、死体の海の中でむごいショックに耐えねばならないのは、われわれだけということになった。信仰心のあついコッツビューは、かなり動揺していた。中尉はいった。

「ジョー、犠牲となったこれら一般市民たちの前で、ロシア兵と確認しよう。今日が、米ソ両国の歴史において大切な一日であることを。彼らにこのことを伝えてくれないか」

私の通訳で、ドイツ語のできるソ連兵が、他の仲間たちに、そのことを説明した。二つの国が出会ったこの歴史的瞬間、そこに居合わせた両国の兵士たちが、皆おごそかに誓ったのだ。このようなことが二度と地上に起こらぬよう、各自が力をつくし、できる限りのことをしようと。

地上におけるすべての国の人たちが、平和に生きていくべきであり、それを単なる理想に終わらせることなく実現しようではないか、と。

これが、われわれの「エルベの誓い」である。

形式ばってこそいないが、しかし厳粛なひとときだった。ほとんどの者は涙を浮かべていた。将来、われわれがこの時点で望んだようには、世界が順調に進むことはないだろうという予感が、それぞれの胸の内にあったかもしれない。しかし、みな互いに抱き合い、このことは決して忘れまいと固く誓い合ったのだった。（前掲書）

## 反戦・反核の活動に

そのあと、コッツビュー中尉たちは、米軍司令部に連絡を取るべく一度無線機のあるジープまで戻ったが、またすぐソ連軍前線陣地へと合流した。

にわか造りのテントが張られて、先の誓いをくりかえしながらの、乾杯また乾杯となった。ウオツカにドイツビールにワインに、みんなへべれけになる。

たちまち、友人となったソ連兵の奏でるアコーデオンやバラライカに合わせて、踊りがはじまった。アメリカの曲だった。ロシア娘たちが踊った。それは「あまりにも不思議な強烈な光景で、ずっと私の心をとらえてはなさない」と、ジョーは書いている。

ジョーは、「強烈な光景」と表現せざるをえないほどに感激したのだろう。「涙をうかべて」ともあるから、彼の人生にとってこれほどまでに感泣したことは、かつてなかったのではないか。

その時、ジョーは二六歳だった。

植物学を専攻するシカゴ大学の学生だったが、戦争で学業を中断して、銃を持たねばならなかった。彼は歩兵G中隊のライフル銃兵だった。一九四四年六月のノルマンディー上陸作戦からアルデンヌの森の激戦を経て、たび重なる修羅場の闇をくぐり抜けてきた。

多くの戦友たちが、帰らぬ人となったにちがいない。ライラックの花咲くエルベ河畔でのひとときは、死と闇のトンネルが終わったことを意味していた。それは、夢にまで見た平和の到来だったといえる。

だからこそ、コツビュー中尉は通訳をしたジョーの功績をたたえて（ジョーがいなければ、話は何も通じなかった）、軍用地図を記念にプレゼントする。銃も地図も、もう不要なのだった。

「さて、戦後のジョーは、どう生きたか。誓いの理想をどう活かしたか、ですが……」

と、シェジナー氏は言葉を継いだが、次第に熱がこもってきたかのようだった。

「彼は、シカゴでタクシーの運転手をしながら、とぼしい収入をはたいて、冷戦への戦いを開始したのです。それも、たった一人でね。〝エルベで誓い合った米退役軍人会〟を組織し、元ソ連兵との交流の機会を作る一方で、自国の首脳や議員、マスコミや国連にと、何千通もの手紙を書き続けました」

「手紙をですか？」

何千通もとは、すごい数である。

「ええ、四月二五日を国際的な平和デーにせよ、とね」

「〝エルベの誓い〟を、あの不戦の誓いを忘れるなってわけですね」

「そうです。年ごとにエスカレートするばかりでしたからな、米ソの対決は。朝鮮戦争、ベトナム戦争と……。彼はどうにもいたたまれぬ心境だったのにちがいない。おれたちのあの誓いはどうなるのか、とね」

毎年四月二五日がくると、ジョーは反戦・反核のプラカードを掲げて、シカゴのミシガン通りの橋のたもとに立った。ビラをまき、訴え続けたという。あの日、ライラックの花咲くエルベ河畔で、米ソ両軍の間に交わされた誓いの原点に戻れ、「戦争はやめよ」「核の脅威を取り除け!」と。

しかし、通りすがりの人びとには、おそらく風変わりな奇人、あるいは気がふれた男にしか見えなかったことだろう。

「あなたは何者か?」

と、問いかける人はそう多くはなかったが、すると、ジョーは四月二五日がどんな日だったかを、せつせつと語って聞かせる。川岸を埋めつくした死体の山と、人形を手にした少女のことまで。

そんな活動を一〇年余も続けたが、ジョーの努力はついに実を結ぶことなく、終焉を迎えることになった。ガンに侵されたのだ。手術を前にして遺言した。自分の亡骸はあのエルベ川の出会いの地に埋めてくれ、と。

一九八三年一〇月一七日、ジョーは死んだ。六六歳だった。その柩は星条旗に包まれて空路東ドイツへと旅立ち、一一月二六日、トルガウ市郊外で永遠の眠りについたのだった。

## 6　出会いの兵士ジョーのこと

### ◆不運な星

米ソ関係は最初から不運な星を背負っていたのではないか、そういった思いが、ついに私は拭えないでいる。「エルベの誓い」の内容や心情が公表されていたなら、人びとの感情を、もっと深く揺さぶることができたのではないかと思うのだ。

しかし、実際に人びとが思いをはせるのは、失われた何百万ものロシア人の命であり、この大戦中にアメリカ軍がなめたただならぬ辛酸であり、女性や子どもの死体の山、そして人形を握りしめた少女、そういうことのみである。（前掲書、ポロウスキーの手記より）

### 笑顔のジョーのスナップ

ホテルに戻った私は、ほっと一息入れて、くつろいだ。といっても区切りはつかない。エルベ河畔でのほとぼりもさめやらぬままに数冊の資料を開いてみた。すべてシェジナー氏から提供されたものである。

写真入りの本が多かったが、それのほうがわかりやすいだろうと、気をきかしてくれたのにちがいない。ウルリケ嬢のおかげで、いい人に巡り会えたと思う。

資料はどれも八〇年代後半のもので、戦後四〇年目の「エルベの誓い」式典のためにまとめられたもの、あるいはその報告を含めたものが多かった。当時は東西冷戦のさなかだったから、式典はソ連との友好ばかりが前面に出ていて、東独政府の政治的な宣伝もかねていたと思われる。でなければ、小さな町で二万人もの大イベントになるはずがない。

ところが、壁崩壊後は、にわかに先細りせざるをえなくなった。

戦後五〇年目は歴史的な節目のはずだったが、日本の新聞にはごく小さなベタ記事が出たくらいのもの。半世紀も過ぎればやむをえないことかもしれなかったが、いかにも寂しげである。出会いの元兵士たちも次つぎとこの世を去って、残された者は高齢化し、トルガウまでの旅も困難になったはずだ。

したがってその後の式典は、ジャズやディキシーのバンドが各国から集う「ジャズフェスティバル」に変わっている。もちろん兵士たちの誓いの意味を振り返るセミナーや、トークショーもあるが、すべて自由参加で、東独時代ほど大がかりなものではないらしい。

ジョーことポロウスキーが死んだのは、戦後三八年目だったから、二年後の節目に向けて、東独政府のキモ入りの元に、彼の足跡を追う資料が出そろったのだろう。「平和の戦士」と紹介されて、戦中戦後の写真もかなり掲載されている。

写真の一枚は、さっきシェジナー氏が広げて見せてくれたもので、軽機関銃装備のジープを背に

ソ連兵の肩に手をかけている笑顔のポロウスキー（中央ヘルメット）

して、ソ連兵の肩に片手をかけたジョーのスナップだった。ヘルメットを除けば、ラフな格好で、そう長身ではないけれど、童顔のいい笑顔である。ソ連兵のほうは略帽に肩章つきのルパーシカ型制服で、マンドリン式銃を手に笑っている。

両者のはずんだ会話が聞こえるかのようだが、言葉が不自由なだけ表情や身ぶり手ぶりで友好を伝え合ったのだろう。笑顔はなによりも雄弁である。撮影日はあきらかではないが、出会いの直後と思われる。戦争中にもかかわらず、よくぞこのような写真が残せたものである。

もう一枚は、同じ建物の前で、今度はジープの上に立ったジョーが、右手に煙草を持っている。略帽のソ連兵も一本を口にしているから、分け合ったものかもしれない。ジョーは幸せそうに目を細め、頬をゆるめている。

両軍兵士の交歓スナップは豊富で、例の橋桁の上での劇的な握手のほか、乾杯のグラスを高々と上げる者たち、ブーツのソ連女性兵と踊るグループやら、横一列に腕組

喜びあう米ソ両軍兵士。中央立ち上がっているのがポロウスキー

みして歩いてくる一群など、どれもこれも大いに楽しそうである。それらの写真が、すべてやらせばかりだったとも思えない。

## 長い長い暗闇のあとで

両軍兵士の初接触には、実はかなりの危険がともなっていたのである。

連合国とはいえ、米英の資本主義国とソ連の全体主義とは水と油で、「奇妙な同盟」でしかないとベルリンのヒトラーは見ていた。殺すか殺されるかの戦場にあっては、両軍の不和、分裂は必至で、かならずや仲たがいの激突になるだろう、「東西戦争」は避けようもなく、「最後に笑う者はわれわれなのだ」と。

ルーズベルト急死のあと、強硬派のトルーマンが、アメリカ大統領になっていた。上院議員だった頃の彼は独ソ戦開始の二日後に、「もしもドイツが勝ちそうならソ連を助け、ソ連が勝ちそうならドイツに肩入れする。

双方がへたばるまで殺し合いをするのが望ましいのだ」と語っている。イギリスのチャーチルは根っからの反ソ反共で、すでに西側とソ連の政治関係は、冷戦入りともいうべき悪化の一途をたどっていた。

前線でも燃料の不足や機材の故障で、ソ連側に不時着陸した米英の爆撃機が捕獲され、搭乗員が監禁された。また、スターリンが米軍に使用を約束していた空軍基地が突然に拒否されるなど、すでに連合軍の上層部では険悪な事態が起きていた。

しかし、米ソ両軍兵士の出会いは、ヒトラーが期待したようにはならなかった。

どちらの兵士たちも反ファシズムという目標に向かって、最前線で辛酸をなめつくしてきたからだろう。主義・主張・言葉は異なっていても、「長い長い暗闇のあと」で、もう戦争はこりごりだという思いが、期せずして不戦と友情の誓いになったのではないか。

それはまったくの偶然といってよく、エルベ川を越えて合流した何組かの兵士たちの間で、ほとんど同時におこなわれている。

先陣を切ったコッツビュー中尉とジョーのグループのほか、数時間後のロバートソン少尉たちも、またモスクワで取材した元ソ連兵ゴルリンスキー氏も。まるで申し合わせたかのように肩を抱き合い、熱い交歓となったのは、やはりその心が一つに結び合う下地があったからにちがいない。

では、かれらのメッセージは、出会いの時点で文章化されたのだろうか。

「それはなかった」

と、シェジナー氏は、首を振った。

「そんなゆとりはなかった。なにしろまだ戦争中だったし、言葉は通じなかったし……」

無理もないといいたげである。

なるほど、両軍の交換文書ともなれば、歴史的な共同宣言になるから、起草委員はもちろんのこと最高指導部のチェックも必要になるだろうし、一日や二日でまとまるはずがない。せいぜい両軍握手の写真どまりで、特にソ連側の兵士には、個人的な自由はなかったと思われる。

その証拠に、われ先にとエルベ川を越えて合流したのは、ほとんどが米兵たちだった。映画「エルベの邂逅」では、ウイスキー瓶を頭上に高くかかげて、片手で泳いでいった米兵もいたという。ソ連兵は、東岸で迎える側だったのだ。

しかし、ソ連兵のほうも、たちまちにして歓迎の握手となった。

二等兵のジョーは、元もとがポーランド系の移民の子で、通訳だったから、両者の交流に少なからぬ役割をはたしたと考えられる。ということは、彼自身がソ連兵の心情を誰よりも先に、より深く理解したのではないのか。コミュニケーションということでは、もっとも恵まれていただろう。

ここトルガウの地で、当時の記録写真を見ていくと、やはり現地にいるのだという実感があるせいか、私の思いはやみがたく出会いのジョーの、その胸のときめきと重なっていくかのようである。

## 死を迎えるに当たって

戦後のジョーは、四月二五日のたびに、何度かトルガウまでできたとみえて、式典でマイクの前に立つ写真やら、群衆のなかの横顔などを数枚見ることができる。

やや太り気味で、あごが二重になっているし、二〇代のさわやかな笑顔は消えている。誓いの地は東西両陣営が核ミサイルで対決する舞台となり、米ソの冷戦構造によほど苦悩していたのか、それとも、すでにガンが内攻していたのか。あるいは、その両方だったかもしれない。

だからこそ、そう先がないということで、彼の孤独な反戦・反核の運動は、晩年になるにつれて熱をおびていった。

「戦争の悲惨な犠牲を忘れてはいけない。米国もソ連も、二度と戦争をくりかえさないようあらゆる努力を尽くす、と誓い合ったのではないか」

ジョーは、体調が悪くなってもなお訴え続けた。それが自分の「道義的な使命」なのだ、と思いつめていたのだろう。

一九八三年五月、手術決行。しかし、全身に転移したガン細胞は、すでに手のつけようもなかった。余命はわずか半年しかない。

それからのジョーの運動は、死を迎えるに当たっての悲痛な意志表示となる。

彼はあの日、不戦を誓い合ったソ連兵たち退役軍人委員会の友人たちに、手紙を送った。おそらく

出会いの記念日「トルガウは地図の上の単なる町ではない。トルガウはひとつの理念（を体現した）町なのだ」とポロウスキーは演説（1961年）

これが今生の別れになるはずだが、最後にたっての望みがある。諸君らと握手した場所に、自分を埋葬してくれないか、墓には二つの手で固く結ばれた握手の図案を刻んでほしい、と。

その遺志を実現するためには、いささかの資金が必要だった。タクシー運転手だった生活はつつましく、なんの蓄えもなかった。

ジョーは、元ソ連兵たちへの文面とほぼ同じ内容の手紙を、ホワイトハウスにも送っている。しかし、自国の首脳たちの関心を引き出すことはできなかった。

「新聞かテレビに投書して、資金集めをなさったらいかがでしょうか」

秘書どまりだったせいか、そんなすげない返事だったという。自分の好きな墓を作りたいのなら、ご自由にどうぞということか。

しかし、彼の最後の意志を受けとめたのは、ジョー自身がシカゴで組織したごく少数からなる「エルベ川で誓い合った米退役軍人会」だった。ジョーはその年の一〇月に死んだが、翌月、遺体は空輸されて、米ソ両国兵士が星条旗に包まれた柩をトルガウの大地に埋葬した。

葬儀には、東独政府とベルリンの米大使館関係者が参列した。元兵士たちを中心に多くの弔電が寄せられたが、駐米ソ連大使の電報もあった。「両国間の平和と相互理解という大義に身をささげた、平和の戦士だった」と、ジョーの死を悼んだ。

葬儀はあいにくの雨になったが、寒空の下に参列したシカゴからの遺族のなかには、ジョーの息子のテォドル・ポロウスキーの姿もあった。彼は父にかわって、ソ連からの老兵たちに握手を求めた。

握手はこれで二代に及んだのだ。平和を希求する努力は途切れることなく、父の誓いが次世代に受けつがれた、とみることもできよう。その日初めて、米ソ両国の元兵士たちの間でごく短い声明が起草され、承認された。あの日あの時、エルベ川で交わされた誓いの確認である。

繰り返すな
すべての国の国民は兄弟にならねばならない
われわれは
生命を米ソ両国友好のために
ささげたのだ
繰り返すな

戦争の悪夢が
ふたたび人間を苦しめるのを

## 「平和の戦士」に献杯

ジョーの生きた六六年間の足跡を振り返る時、私はふと何気なく、奇妙なことだが、ドン・キホーテを思い出してならなかった。このたとえは、あまり適切ではないけれど……。

スペインの作家セルバンテスによる小説『ドン・キホーテ』は、人間の二通りの生き方を、皮肉たっぷりに形象化した作品として知られている。

流行の騎士道物語を読み過ぎて、少し頭がおかしくなった騎士ドン・キホーテは、やせ馬に乗って遍歴の旅に出る。従士はたった一人で、欲の皮の張った抜け目のないサンチョ・パンサだ。

騎士は永遠の理想の女性ドゥルシネア姫を夢見ながら、この世の不条理を正し弱きを助けようというわけだが、その理想主義とパンサの現実路線とはかみ合わずに、行く先々でトラブルばかり。

惚れっぽいキホーテは、女とみれば、みな永遠の姫と思いこむ。パンサにしてみれば、おかしくてならない。キホーテはついに回転する大風車を敵と取りちがえて、長い槍をかまえて突進することになるのだが、この世の中には、キホーテのような人間よりも、パンサのほうがずっと多いのではないのだろうか。

ジョーの生き方は、そのキホーテに、どこか通じるところがあるかと思う。

冷戦風をまき散らして回転する大風車に、たった一人でも立ち向かっていったのだ。はた目には滑稽でしかなく、結果は最初からわかっている。はね飛ばされて、痛い目にあうのがオチだ……。

事実その通りになった。ほら、いわんこっちゃないよ、とパンサは思っただろうか。しかし、と私は考える。

パンサはそんな騎士と行動を共にしていたのだから、自分とはまったく異質な人間のありように、実際はさまざまな刺激を受けていたのではないか。騎士はひどく孤独なように見えるけれども、周囲の者や後に続く者たちに、なんらかの影響を与えていたのだと信じたい。パンサは、いつまでもパンサであるとは限らないのだ。

不戦から反戦へと立ち向かったジョーは、骨折り損のくたびれもうけだったと、みる人もいることだろう。

しかし、彼の戦友たちは、そうは受けとらなかった。国のちがいを越えて、多かれ少なかれジョーの生き方に共鳴したからこそ、彼の遺志はついに実現にこぎつけたのだ。出会いの地に眠ることができたジョーは、エルベの誓いの、もうひとつのモニュメントになったのである。

誰もがジョーのように生きられるものではないし、そうしなければならないというものでもない。しかし、彼のような人もいてよいし、いなくてはいけないのだと思う。

その夜、ホテルのレストランの窓ぎわの席に座って、私は彼の生涯に思いを寄せながら、ドイツワインを注文した。

グラスになみなみと注がれてきた赤ワインは、透き通ったみごとな色合いだった。一人きりで飲むのは惜しいようだったが、「平和の戦士」のために、献杯できるひとときを持てたことで心がはずんだ。

## ウルリケさんの母校へ

翌日は、ウルリケさんの母校、すなわちシェジナー氏の元勤務校に招かれた。

マルチン・ルターの友人だったヨハン・ワルターの名をとった公立の中・高等学校だったが、校門前でウルリケ嬢の母親が出迎えてくれた。マチーナさんという。彼女は副校長で、英語の教師である。

生徒数八三〇人。四五〇年からの歴史を持つ学校と聞いて、驚いた。おそらく名門校にちがいない。しかし、改築されたばかりだそうで、クリーム色の壁に、ガラス張りの吹き抜けのある窓の配置などが、明るくスマートで、一見して学校というイメージではない。

教室を覗かせてもらう。夏休み中とあって、生徒はいなかったが、机椅子を数えてみると、二〇以下。ひとクラスの生徒数はほぼ一六人だそうだ。どうりで、広くゆったりとした感じである。日本は何人かと聞かれて、四〇～四五名と答えると、

「まあ、おっそろしい！」

マチーナさんは目をむいて、両手を広げてみせた。

各教室の黒板は、スイッチオンで、音もなく下へ降りてしまう。したがって、生徒たちからの正面

は常に固定的でなく、自由に教室を使えるという説明にも感心した。

廊下には生徒たちの絵画作品が画廊並みに飾ってあって、窓外は野外の舞台と客席が用意されていた。かなりの広さである。シェークスピアの劇など、よく上演するのだという。廊下の先は職員室で、さらに教師たちの研究室が、いくつも並んでいる。これはまるで大学並みである。

授業の始まりは、日本とちがってかなり早い。朝の七時だ。昼の給食はないので、みな弁当持参か家に帰ってとるか、いずれにせよ授業の終了は午後一時半。それで下校となる。わが家の近くの中学校では、夜六時過ぎに重そうな鞄をしょって帰宅する生徒たちをよく見かけるが、いちいち日本と比較するつもりはないけれど、学校教育の発想からしてちがうではないのかと思う。

廊下の途中で、半袖シャツにジーパンの中年男に会った。

「イヨォ！」

とか、片手を上げて通り過ぎて行ったが、後で聞けば校長先生だという。

そうと知っていれば、挨拶をすべきだったが、いささか意表をつかれた。授業を見学できたら、なお気づくことがいろいろあったはずだが、ここはとにかく旧東独の、しかも地方都市である。

西側との経済的な格差はひどく、何もかもが貧しいと聞いていたが、「何もかも」などとごっちゃまぜにしてはなるまいと痛感した。

## 統一後のよさは移動の自由

次にウルリケ宅へと案内された。ここでも東独時代のひずみめいたものは感じられないどころか、大いに面くらった。

トルガウの中心地から少し離れた郊外だったが、敷地が四〇〇坪もある大邸宅である。エンジニアの父、高校教師の母、それに娘とたった三人家族なのに、部屋数がいくつあるのか、見当もつかないほど。

ウルリケさん家族とシェジナー氏（中央）

もっとも、マチーナさんの説明によると、祖父母の代からの家だそうで、自分たちが建てたわけではないという。とうていわが家の比ではない。しかも、ご夫婦はまだ若く四〇代かと思われる。掃除はもちろんのこと、維持費だけでも大変ではないのか。

「いえ、掃除なんかは後回しです。ただ、昨日だけはきれいにしました。ちょっとだけね」

と娘が言って、母子ともにふふとくすぐったそうに笑う。私たちを迎えるためだった、と受けとれる。

これまた、先ほどの学校ではないが、住宅の考えからしてちがうのではないか。住宅とは、そもそも家族一同が個性を尊重し合いながら、しかも人間的にくつろげる空間でなければならないのだろう。いわゆる「ウサギ小屋」は、住宅でないのかもしれない。

維持費ということに関連しての話になったが、マチーナさんは勤続二五年、副校長で五〇〇〇マルクの月収だそうだ。一マルクは日本円の約五〇円だが、高いのか安いのかがよくわからない。

それを、「壁」崩壊前と比較してもらった。教師の初任給は八〇〇マルクだったものが、統一後は三〇〇〇マルクになったという。約四倍近い。しかし、物価はそれどころではなかった。〇・一マルクだったパンが、今は一・五マルクだと、これは横から娘の説明。七五円のパンは、まあまあの価格だと思うが、東独時代の五円が安すぎたともいえる。

品物は豊富に出回るようになったけれど、今度は高くて手が出なくなった。

統一前はモノ不足だったが、今はあってもすべて金次第。国営企業がつぶれて、付属の保育所もなくなった。幼児のいる女性は職を失い、若者は西へと働きに出る。

しかし、統一後のよさの一番は、なんといっても移動の自由で、国の内外へ行き来できるようになったことだという。

「そういえば、ウルリケさんも、日本へ来れるようになったんですものね。でも、学生なら誰でもというわけじゃないでしょ。よほど優秀でないと」

「そりゃ、まあ……」

と、母親がいいかけたとたんに、

「ちがう、ちがう!」

娘は、顔を赤くして否定した。私にもわかる日本語だったのが、おかしかった。

「ところで、エルベの誓いについてだけどさ、あなたのお友達の感想はどうなのかな。ちょっと聞かせてください」

## 若い世代の歴史認識

「正直にいって、それほどの関心がないんですね。これは私個人の印象ですけれど……」

ウルリケさんは、急に思案気な表情になった。

米ソ両軍の誓いが、平和な時代に向けての一歩だった意味は否定できないけれど、と彼女はいう。

しかし、第二次世界大戦が話題になるたびに、過去のナチス時代の戦争犯罪をくり返し突きつけられることに、若い世代はうんざりしている。一体いつまでドイツの罪と向き合わねばならないのか、と。

なぜなら、それは自分たちの祖父の時代のことで、若い世代は、そうした歴史とのかかわりへの関心が薄くなってきている。少し学校で習った、聞いたことがある、という程度以上には……。

「かかわりへの関心が今一つ、ということは、罪の意識があるからであって、ない者は話にもならない。その意識から離れたいという気持ちが強い、と」

エルベの誓いの米ソの戦友たち。「大西洋を越えた握手」をデザインしたTシャツを着たトルガウの教師、子どもと交流（1993年）

彼女はうなずいた。

「うーん。その気持ちはわからないではないけれど、でも…といいたいですね。車のバックミラーじゃないですが、うしろがちゃんと見えて安全を確認しなければ、前には進めないでしょう。あなた自身はいかが？」

「私？　私はちがいます。ちょっとだけね」

「というと？」

「だって、トルガウで生まれ育ち、トルガウの学校へ通いました。地元ですから、エルベの誓いの史実や意味合いを感じとることでは、とてもプラスです」

家族と一緒では、それ以上の話はできず、マチーナさんによる英訳の写真集『こんにちのトルガウ』の寄贈を受けて、まずは乾杯となった。

**誓いの夢を地上の人びとに**

トルガウでの最後は、ポロウスキーの墓を訪ねることである。

そのモニュメントは、町の中心地から北へ二キロほど。車なら五、六分で走れる市営墓地の一隅にあった。シェジナー氏とウルリケ嬢の案内だったが、入口の売店で花束を求めた私は、ひっそりとした墓石の間を歩いた。私たちのほかに人気はない。

昨日はごく短時間の集中豪雨に見舞われたが、そのせいか、まばゆいばかりの日射しにもかかわらず、樹木の緑はしっとりとしていて、さわやかな空気である。八月も下旬ともなると、こちらでは一足早く秋の到来なのだ。

ドイツの緯度は、北海道とほぼ同じだから、冬の季節は長くきびしく、どんよりとした厚い雲に覆われた陰うつな日が続く。したがって、夏のバカンスをことのほか大事にするわけだが、二等兵ジョーがエルベ川に到着したのは、四月下旬のことだった。

川岸に咲き乱れるライラックの花は、「信じがたい光景」だったというのも、ドイツのもっともいい時期だったからだろう。「とても居心地のいいところ」と、ジョーをしていわしめた大地は、思えば二六歳の彼の青春の地でもあった。

「おれも年をとった。いずれ、トルガウの土に眠ることにするさ」

手記はそう結ばれているのだが、青春へのやみがたい回帰の心が、その一行にこめられている。

たどり着いた墓は、高さ一メートルほど、横はもう少しありそうな長方形の御影石で、黒光りした表面に、

JOSEPH POLOWSKY 1916～1983

と、大きく刻まれてあった。

続いてその下に「一九四五年四月二五日、トルガウ地区で、第二次世界大戦に参加した米ソ共にエルベの誓いとなる」とある。英独二カ国語の墓碑銘で、その中央部に、左右から手と手が握り合ったイラストが浮き彫りになっている。

私は花束を添えて、ここまで来れたことに満足した。ここに、シカゴ出身の一米兵が眠るというのも妙な話だが、ジョーにとっては、ゆかりの地であり、「居心地のいいところ」だったのだ。そんなことをふと口にすると、シェジナー氏は深くうなずいた。

「彼はね、自分の夢を、夢に終わらせたくない男だったのでしょう。誓いの夢を一生かけて追い続けたのです。そして死んだあとも、こうして地上の人びとに語りかけているんですなあ、われわれに……」

と、しみじみとした口調でいう。

「生きていれば、現在八四歳ですか。惜しまれる死ですね。でも、それなりに充実した人生ではなかったか、と思います」

「そうです。そういえます」

「夢を追い続けるということは……」

私は、その先の言葉を探しあぐねて、ドン・キホーテを思い出したが、「やはり、先駆者とでもいったらいいのか」

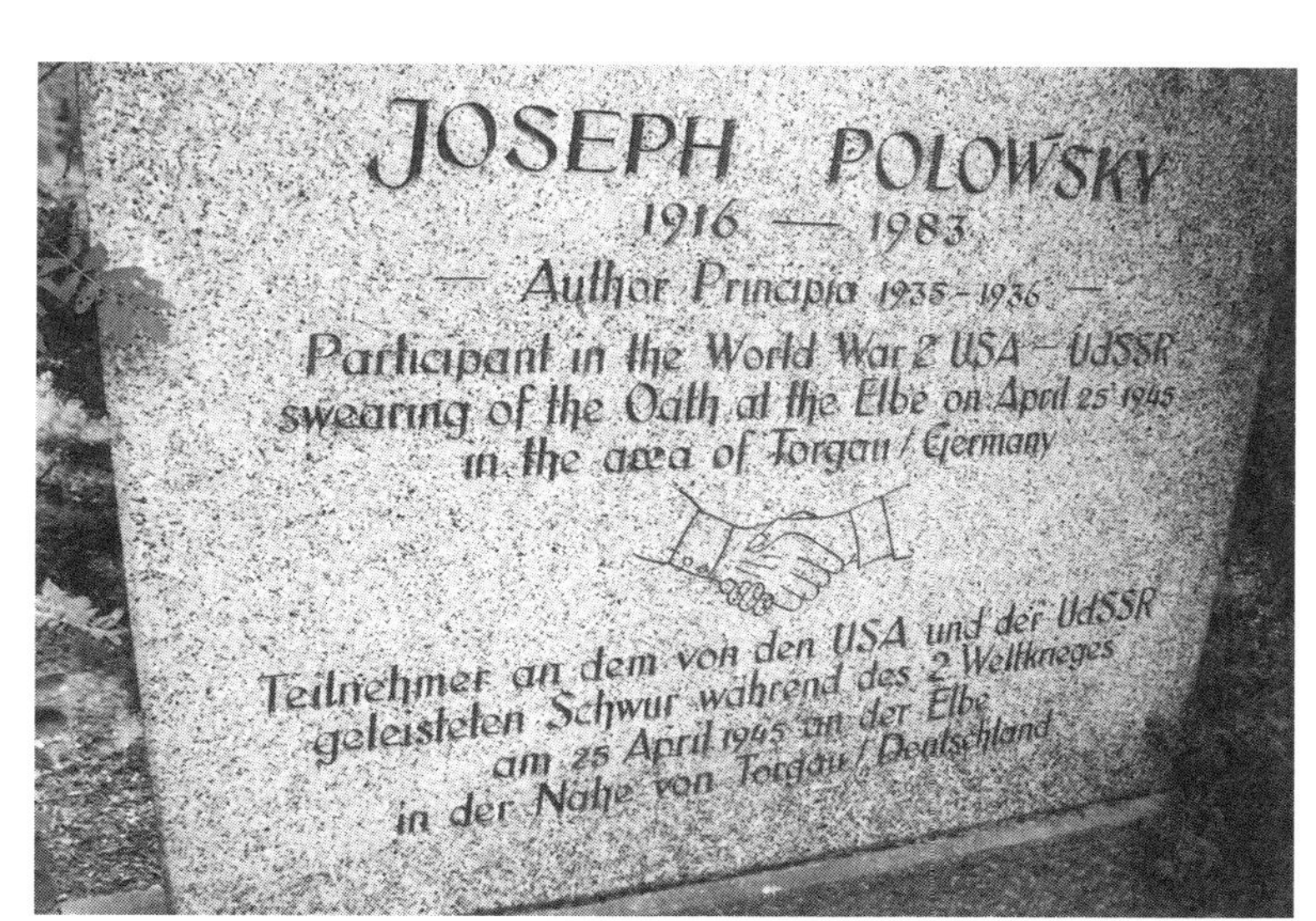

ジョセフ・ポロウスキーの墓碑

「いや、凡人だったかもしれませんよ。戦争の悲惨な犠牲を目に焼きつけて、それから誓いの意志を固めたとも考えられます」

「人形を握りしめて死んでいた少女のことを書いてますね。決して忘れられないと。その不戦の意志が、ポロウスキーさんの初心になったんでしょうか。初心のない人はいないはずだけれど、たいていは世俗にまみれていく。夢を失っていく。それなのに、と思いますね。ウルリケさんはいかがですか」

「はい」

彼女は、神妙な表情でうなずいた。

「お墓にきたのは初めてですが、このこと、お書きになるんでしたら、私、いろいろサポートしたいです」

と、ひかえめな微笑みの目で、一言ずつ正確に応えてくれた。

## 二〇〇一年版あとがき　＊フィルポット氏から聞く

二〇〇一年八月、サンフランシスコのホテルで、私はデルバート・フィルポット氏と会った。フィルポット氏とは、誰あろう。おなじみのあの写真「エルベの誓い」の、米軍側兵士の一人である。三人のうちの真ん中にいて、もっとも長身で、対するソ連兵に握手を求めた横顔が一番よく撮れている。トルガウで私たちを案内してくれたウルリケ嬢の恩師シェジナー氏の紹介で、在カリフォルニアのアドレスがわかったのだ。トルガウ訪問から、ちょうど一年が過ぎている。

フィルポット氏は、当時と変わらず長身のやせ形で、若々しい奥さんと一緒に現われた。すでに七〇歳代の後半で、ひょうひょうとした感じだったが、愛嬌のある眼差しである。

「よく来てくださいました。お目にかかれてうれしいです」

まずは握手。並んで立つと、私と首一つほども差が出る。

「初めてですよ。エルベの誓いで、日本人に話すのは……」

といって、親しげに笑った。

エルベ・リバー・ベテランと書かれた白い帽子に、同じマークつきの青いジャンパー姿だ。エルベ河の老兵士というわけで、いかにも誇らし気である。氏の聞き取り役の私は、日本人で最初ならもしかして最後になるのかもしれないなと思いながら、まずは例の写真について聞く。

写真はいつ、誰が写して、なぜあなたが選ばれたのか？

「四月二六日でした。時間？　さあ四時頃かな。アレン・ジャクソンが写したのですよ。彼は報道カメラマンでした。われわれは何度か交替して、撮り合った。それがどう使われるかは知りませんでした。なにしろ戦争中だったから、状況はなんにもわからない。戦後になってから、自分が写っているのを見て、びっくり仰天。私の一生でも、これほどおどろいたことはない」

ポロウスキーの戦友、フィルポット氏と作者

どのようにエルベ川を渡り、ソ連兵との出会いで何か思い出すことは？

「ソ連側の舟で渡りました。対岸につながれていたので、迎えにきた。握手したり抱き合ったり、それは熱烈なもので、次に乾杯です。かれらはウオッカをガッガッと飲んだが、私は飲めないので弱った。そのうち、空瓶を並べてヒトラーよろしく、パンパンとピストルで撃った。六本当りました。それから戦争はもうやめよう、これを最後にしよう、と」

出会いの後はどうしたか、まだ戦闘は続いていたのか？

「いや、もう終わってました。トルガウは戦場ではなかった。後は負傷したドイツ人を助けたり、助けられたりで、たがいにかばい合った。敵味方ではなく、人間としての交流があったと思う」

ポロウスキー氏は戦友だったのか、その戦後の活動についてはどう思うか？

「彼は年上でしたが、一緒にドイツへ出陣しました。彼はシカゴ出身ですが、私はそのちょっと北のウイスコンシンの出です。やはり学生でした。彼の戦後の活動については、すばらしいの一語につきる。東西冷戦の時代にたいそう困難なことだった。もっとも私も彼を助けて、事務局めいた仕事をしました。化学関係の仕事で一九八九年にモスクワへ行った時、ゴルバチョフに送ったんだ、メッセージをね。米ソはもう一度握手せよ、と。ほら、これですよこれ……」

氏は、出会いの写真入りのピンク色のチラシを取り出してみせた。なるほど、ロシア語の文字が浮き出ている。ただし、残念ながらソ連邦書記長の返事はなかったという。そうこうしているうちにゴルバチョフは失墜して、ソ連も消滅した。

ベルリンの壁崩壊後の九三年四月二五日、氏は出会いの地トルガウを訪ねて、市営墓地に眠る戦友ポロウスキーの墓にぬかずいた。かつての軍服姿で。そんな写真に、ポロウスキーの娘さんがドイツの子どもたちと交流する活動スナップや、また奥さんと編集した関係著書『HANDS ACROSS THE ELBE』などを寄贈してくれた。フィルポット氏の証言と記録写真を加えて、モスクワ、トルガウ、サンフランシスコと駆け歩いた本書の、最後のページをしめくくることにしたい。二一世紀の世界は、いつもいつもエルベ川での不戦の誓いを基点に、思いを新たにすべきではないのかと考えながら、ペンをおく。取材の協力関係者の皆さんに深謝しつつ……。

（二〇〇一年一〇月）

**主な参考図書**

『昭和―二万日の全記録⑥太平洋戦争』（講談社）
『20世紀の全記録』増補版（講談社）
『世界史の舞台①ヨーロッパからソ連』（朝日新聞社）
『シリーズ20世紀の記録・第二次世界大戦・欧州戦線』（毎日新聞社）
太平洋戦争研究会編『図説第二次世界大戦』（河出書房新社）
谷克二　文、鷹野晃・武田和秀　写真『図説ベルリン』（河出書房新社）
旺文社百科辞典『エポカ』一九八三年版（旺文社）
W・シャイラー著、井上勇訳『第三帝国の興亡』（全五巻・東京創元社）
児島襄著『第二次世界大戦ヒトラーの戦い』（全一〇巻・文春文庫）
スタッズ・ターケル著、中山容他訳『よい戦争』（晶文社）
トルガウ市編『トルガウ市史』
坂井八郎著『ドイツ歴史の旅』（朝日選書）
イアン・ブルマ著、石井信平訳『戦争の記憶―日本人とドイツ人』（TBSブリタニカ）
『グラフィックアクション・ドイツ１９４５』（文林堂）
『歴史群像95年4月号・ドイツ第三帝国の終焉』（学習研究社）
山本耕二著『母と子でみる壁の消えたベルリン』（草の根出版会）
水島朝穂著『ベルリンヒロシマ通り』（中国新聞社）
三宅悟著『私のベルリン巡り』（中公新書）
河合純枝著『地下のベルリン』（文藝春秋）
『ブルーガイド・ワールド・ドイツ』（実業之日本社）

『地球の歩き方25ドイツ』（ダイヤモンド・ビッグ社）
矢沢寛編『うたごえ青春歌集』（社会思想社）
早乙女勝元著『わが子と訪ねた死者の森収容所』（中公新書）
朝日新聞／読売新聞／毎日新聞／平和新聞／しんぶん赤旗
『Yanks treffen Rote-Begegnung an der Elbe』
『Lebenszeichen-Dresden im Luftkrieg1944-45』
『HANDS ACROSS THE ELBE』
『KOALITION DER VERNUNFT』

**旅程・資料などの協力**（順不同、敬称略）
（株）ホンダ・トラベルサービス（本多一重、相原美千代、長田めぐみ）
ドイツ観光局日本事務所（西山晃、佐藤奈々絵）
１９４５年２月13日を記録する会（ドレスデン）
〈写真撮影〉重田敞弘、外間喜明、山本耕二、鷹取忠治
〈資料（記録写真含む）など〉クラウス・ルースラー、アレクセイ・ゴルリンスキー、ベルベルト・シェジナー、ウルリケ・エルメル、デルバート・フィルポット、水島朝穂、斎藤治子、斎藤肇、山崎真紀子、長塚英雄、末永浩、上田精一、田畑昭子、ＧＲＡ
〈翻訳〉樽屋文綺、外間喜和、早乙女愛
〈装幀・レイアウト〉梅津勝恵、中村吉郎

# 総合あとがき

一九七〇年にスタートした空襲記録運動が、東京から全国各地に波及し、『日本の空襲』（全10巻）がまとまって、肩の荷が軽くなった私が、海外取材に目を向けたのは八〇年代からである。その成果のNo.1が、昨年、新日本出版社から刊行された新版『アンネ・フランク』（『アウシュビッツと私』付き）で、当初は「半年ほど先に次を考えて」いたつもりだったが、一年余が過ぎてしまった。その間に東京新聞夕刊連載の自伝的エッセーが入り、『その声を力に』となったからである。ために、やや遅れたが、新版No.2が本書で、二昔ほど前の二冊を合本にした。どちらも愛着のあるレポートだったが、版元の破産で、現在は入手不能になっている。

私の海外取材は観光もあるが、主として第二次世界大戦下の歴史的な現場に立って、関係者からの直接の語りを入れたかった。いずれ体験者がいなくなった時の、追体験の資料になれば……と考えていたからである。

しかし、事前の準備は容易ではなく、関連資料集めや、関係者への手紙や連絡など、一回の取材での資料が山となるのが通例だった。旅は楽しくなければいけない。家族はもちろんのこと、気心の知れた友を誘ったりで、各ツアーごとに小団体となった。その人たちとは、現在も親しくしている。

リディツェ村跡地の82人の子ども像

一九九五年のチェコ取材は、冬と夏の二回になった。今も鮮明に心に焼きついているのは、プラハの北西一五キロの旧リディツェ村跡地（今は平和祈念公園）の、子ども群像碑だった。私が目にしたのは三〇体近くで、一九四二年六月九日深夜、ドイツ軍に拉致されてあの世へ旅立った村の子どもは八二人。女性彫刻家マリエ・ウヒチローバさんの執念で、二〇年もかけて等身大の石膏はすべて完成しているのだが、アトリエに直立したままだった。そしてマリエさんは疲れはててこの世を去った。

私の旅は戦跡地が多いので、国内外で相当数のモニュメントを見てきたが、リディツェ村跡地の子ども像は、異様な迫力で、その痛ましさに、足がすくんだのを覚えている。

どの子も裸足で、親たちから引き離された恐怖とおびえの表情が風雪にさらされ、靴のない足で小雪の残る台座石の上は、どんなにか冷たいことだろう。

なぜ、こんなことになったのか。

その疑問を解消するのが、調査取材できた私の役割で、執筆中も目頭がうるんでくるのを、抑えようがなかった。時は経過して、現在は日本を含む内外の篤志家の募金で、八二人の全体像になっている。

なお、リディツェ村記念館での、二人の女性の語りは、「身の毛もよだつような」証言だった。「思い出すと感情が波立って、夜も眠れなくなる」のだそうで、「もう最後にしたいですわ」が、結びのひとことだった。本書で、最後に聞いた者の〝聞いた責任〟の一端をお分けしたいと思っている。

次なる『エルベの誓い』は、二〇〇一年のレポートで、主たるテーマが二つになっている。その一は米英軍によるドレスデン空襲で、二がドイツ軍を追撃した米ソ両軍の合流地トルガウの探訪記だ。双方都市の距離は七〇キロほどで、車なら約二時間である。

戦時中の古都ドレスデンは、連合軍による無差別爆撃で跡形もなく破壊され、死者は三万五〇〇〇人余を出している。一九四五年二月一三〜一四日のことである。

その一カ月後が、米軍機B29による東京大空襲で、こちらは一〇万人もの死者となったのだから、私としてはヨーロッパで、見逃すことのできない惨禍の都市だった。石造りの建物への爆弾攻撃で徹底的に破壊された古都には、東京と同じ戦禍を記録する民間組織があって、親密な交流もできた。

提供された戦災体験記から、二女性によるなまなましい手記を本書に収録したが、これだけでも、民間人の被害の深刻さがご理解いただけるかと思う。ドレスデン近郊のトルガウは、エルベ川の岸に建つ童話的なハルテンフエルス城を基点にして、人口二万人ほど。地図で探すのも困難な小都市だが、中世のたたずまいを残した、おっとりとしたのどかな町並みだった。

私たちを迎えてくれたのは、日本語が少しできる大学生のウルリケ嬢と、その恩師で、戦時中のことにくわしい元英語教師シェジナー氏だった。「エルベの誓い」の研究者では、右に出る者なしという方だった。やはり現地まで行けばこういう人にも巡り会えるのだ。

シェジナー氏の話によると、米ソ両軍の出会いで世界に知られた写真は、一九四五年四月二五日にエルベ川の橋桁上で撮影されたと発表されているが、実は二六日で、市内から三〇キロほど南へ行った地点だそうだ。

「トップを切った米兵は通称ジョー。ジョセフ・ポロウスキーといって、ほら、この人ですよ」

と、手にした写真を指さした。つけ加えていわく。

「まあ、やらせですが、戦争中だから仕方ありませんなあ。はっははは……」

私は目を見張った。氏は、ポロウスキー本人の写真が出ている貴重な資料を、あれこれと見せてくれた。日本ではすべて未発表である。

中隊で彼だけがドイツ語に通じていたので、偵察隊の先陣となったらしいが、そのあとは本書にまとめた通りで、私の頭にはポロウスキーの名が、熱く焼きつけられた。

もはや故人だが、戦後、祖国のシカゴに復員した彼が、どんな生涯を送り、なぜトルガウの地で永遠の眠りについたのかを、多くの人に知ってほしいと思う。

彼の願った世界の平和はまだまだで、私たちが黙っていては来てくれそうもない。国の内でも、国の外でも……。

（二〇一八年一一月　著者）

早乙女勝元（さおとめ　かつもと）
1932年東京生まれ。作家、東京大空襲・戦災資料センター館長。主な近著書に『蛍の唄』（新潮文庫）、『わが母の歴史』（青風舎）、『その声を力に』『赤ちゃんと母の火の夜』『アンネ・フランク』『もしも君に会わなかったら』（以上、新日本出版社）、『東京空襲下の生活日録』（東京新聞出版局）、『平和のための名言集』（大和書房）など多数。

**引用一覧**

早乙女勝元編『母と子でみる27　プラハは忘れない』（草の根出版会）
早乙女勝元編『母と子でみるA15　エルベの誓い』（草の根出版会）
久保崎輯編『母と子でみる28　世界の戦跡めぐり』（草の根出版会）

**ナチス占領下の悲劇　プラハの子ども像**

2018年12月5日　初　版　　NDC913 222P 21cm

作　者　早乙女勝元
発行者　田所　稔
発行所　株式会社新日本出版社
〒151-0051　東京都渋谷区千駄ヶ谷4-25-6
営業03(3423)8402
編集03(3423)9323
info@shinnihon-net.co.jp
www.shinnihon-net.co.jp
振替　00130-0-13681
印　刷　光陽メディア　　製　本　小泉製本

落丁・乱丁がありましたらおとりかえいたします。

ISBN978-4-406-06295-4　C8022　Printed in Japan

ポーランド共和国
デツ・クラーロヴェー
クルノフ
ベルドウビツェ
シュムペルク
オパヴァ
フルジム
オストラヴァ
スヴィタヴィ
オロモウツ
モラビア
ポレツ
プジェロフ
イフラヴァ
モラヴァ川
ブルノ
ウエルスケー・フラディシュテ
ストラージュニツモ
ホドニーン
ズノイモ
ブジェツラフ
スロバキア共和国
ドナウ川
ウィーン
ブラチスラヴァ